Rathjen · Let It Be

Friedhelm Rathjen

Let It Be

Die Beatles im Apple-Studio
21.-31. Januar 1969

2019

Dieses Buch ist der zweite Teil einer zweibändigen Dokumentation; in gleicher Aufmachung erschien der erste Teil:

Friedhelm Rathjen: *Get Back. Die Beatles in Twickenham, 2.-14. Januar 1969*
(Edition ReJoyce, Bd. 75)

ƎDITION ReJOYCE
Bd. 76

Bibliografische Information der Deutschen Bibliothek:

Die Deutsche Bibliothek verzeichnet diese Publikation in der Deutschen Nationalbibliografie; detaillierte bibliografische Daten sind im Internet über <http://dnb.ddb.de> abrufbar.

EDITION ReJOYCE Südwesthörn 2019
rejoyce@gmx.de
Satz, Titelfoto und Umschlaggestaltung: Friedhelm Rathjen
Herstellung: Books on Demand GmbH, Norderstedt
ISBN 978-3-947261-09-3

Inhalt

Was bisher geschah

2.-15. Januar 1969, Filmstudio Twickenham

Wie im ersten Band *Get Back: Die Beatles in Twickenham, 2.-14. Januar 1969* geschildert, haben sich die Beatles seit dem 2. Januar täglich in den Filmstudios von Twickenham versammelt, um für einen Live-Auftritt an spektakulärem Ort zu proben. Die Inititative geht von Paul McCartney aus, der den Gruppenzusammenhalt durch eine Rückkehr zum Live-Spiel stärken möchte; daß die gewünschte Unbeschwertheit sich allerdings nicht einstellt, liegt zum Teil daran, daß die ganze Prozedur von einem Filmteam unter Leitung von Regisseur Michael Lindsay-Hogg begleitet wird, dies in der Hoffnung, die Rückkehr der Beatles zum Gruppengeist in einer zunächst fürs Fernsehen gedachten Dokumentation einfangen zu können. Neben Paul ist nur Ringo Starr willig bei der Sache. George Harrison findet an dem ganzen Projekt keinen Gefallen, und die vielen von ihm eingebrachten Kompositionen sind großteils gerade nicht für dieses Vorhaben geeignet. John Lennon, der als Dauerbegleitung seine Freundin Yoko Ono dabei hat, ist nur noch ein Schatten seiner selbst, gibt sich maulfaul, bringt an der Gitarre wenig zustande und hat Schwierigkeiten, überhaupt präsentables neues Songmaterial für das Projekt zusammenzukriegen. Am Mittag des 10. Januar eskaliert die Situation; nach einem Streit mit John erklärt George seinen Austritt aus der Band und verschwindet nach Liverpool. Nur unter größten Mühen gelingt es den verbliebenen drei Beatles schließlich, George doch noch zum Weitermachen zu bewegen, der dafür allerdings Bedingungen stellt. Es sollen statt des von ihm ungeliebten Live-Auftritts ein neues Album und eine Single dabei herausspringen, und zudem einigt man sich drauf, die Sessions statt in den kalten Filmstudios nun im neuen Apple-Studio in der Savile Row in London fortzusetzen, und zwar am Montag, dem 20. Januar.

Okay!

Dienstag, 21. Januar 1969, Apple-Studio

Der Beginn der Sessions am neuen Schauplatz hat sich nun doch noch um einen Tag verzögert, weil der flippige Elektronikchef von Apple, Alexis Mardas (,Magic Alex'), es entgegen seiner großspurigen Versprechen nicht geschafft hat, im Apple-Studiokeller funktionstüchtiges 72-Spur-Aufnahme-Equipment zu installieren, weswegen unter George Martins Hilfe in aller Eile zwei Vierspurmaschinen von EMI hergeschafft und zu einem Achtspurmischpult zusammengestöpselt werden müssen. Auch ein Nachwuchstoningenieur von EMI wird engagiert, Alan Parsons. Tags drauf kann es dann endlich weitergehen.

In der Woche, die seit der letzten Twickenham-Probe vergangen ist, sind noch zwei Dinge geschehen, die dazu angetan wären, die Stimmung der Beatles zu beeinflussen. Am 17. Januar ist in England (wie schon vier Tage zuvor in Amerika) das Soundtrack-Album *Yellow Submarine* erschienen, eine von den Beatles selbst eher ungeliebte Platte, die auf der zweiten Seite lediglich Orchestermusik von George Martin präsentiert, und von den sechs Beatles-Songs auf der ersten Plattenseite sind auch nur vier ,neu' – das führt zu Verdruß bei den Fans und Kritik von den Medien. Und am 18. Januar hat das *Disc and Music Echo* ein Interview Ray Colemans mit John Lennon gedruckt, der auf die Frage, wie denn die Geschäfte der Beatles-Firma Apple liefen, arg freimütig bekennt: „Es war von Anfang an ein Hirngespinst." Und: „Wenn es so weitergeht wie bisher, sind wir alle in sechs Monaten pleite." Fatalster Effekt dieses Interviews ist wohl, daß sich daraufhin der amerikanische Geschäftsmann Allen Klein, der schon länger versucht, bei den Beatles ein Bein in die Tür zu kriegen, bei John mit dem Lockangebot meldet, er könne Apple sanieren, wenn man ihm die Geschäfte übertrage.

Als am Morgen des 21. Januar im Apple-Studio die Kameras angeworfen werden, ist es aber ein anderer Zeitungsartikel, über den George, John und Yoko (Paul ist noch nicht da, und Ringo schweigt) sich unterhalten – unter dem Titel *Das Ende einer wunderschönen Freundschaft?* hat Michael Housego am Vortag im *Daily Sketch* über den Streit zwischen John und George berichtet. George liest aus dem Artikel vor: „Da steht: ,Sie warfen einander bösartige Sätze an den Kopf' – unwahr! Und da steht: ,Aber es war nicht das erste Mal, daß es zwischen ihnen zu Faustschlägen kam.'" John: „Es gibt nur einen Typen, den ich in die Finger kriegen möchte, und das ist dieser Housego!" Yoko: „Verleumdung!" Der Tonfall schwankt – vor allem bei George – zwischen leichter Empörung und forcierter Belustigung, und vor allem scheinen John und George miteinander wieder bestens auszukommen. John öffnet einen Brief, mit dem jemand, der von den geschäftlichen Schwierigkeiten gehört hat, sich für den Apple-Chefposten bewirbt, um die Dinge ins Lot zu bringen – auch das trägt zur Belustigung bei.

Am Abend zuvor haben sie sich eine Vorfassung des *Rock and Roll Circus* angesehen, und Regisseur Lindsay-Hogg versucht nun, John zu überreden, die Ansage für den Stones-Auftritt im Film zu übernehmen. John hat im Moment aber mit einem anderen Problem zu kämpfen, beim Stimmen der Gitarre hat er ein Mißgeschick erlitten: „Kannst du mir ein Pflaster besorgen? Mein Rock'n'Roll-Finger blutet." Und er macht gleich ein Songfragment mit der Textzeile „My rock'n'roll finger is bleeding" (0:09) draus. George weist unterdes Kevin Harrington an, er solle sich den Apple-Transporter schnappen und seinen geliebten Leslie-Lautsprecher (den George von Eric Clapton bekam) herschaffen. Ringo hat solches Spezialequipment nicht nötig, er spielt sich auf betont krawallige Art am Schlagzeug ein, und als er damit fertig ist, sagt John: „Ich steig aus." Ringos Antwort: „Vorher mußt du dich noch mit mir prügeln." Erst einmal prügelt Ringo weiter sein Schlagzeug, und George spielt seine Gitarre mit dem Riff seines nie veröffentlichten Songs WINDOW, WINDOW (0:14) ein. Es ist Zeit zum Warmspielen. George und John überführen ihr Gitarrenstimmen in eine rudimentäre Instrumentalimprovisation (1:50), dann improvisiert John ein Liedchen mit der Refrainzeile „Do the bunny hop" (0:56), auch George singt zu repetitiven Riffs Fragmente eines nicht zu identifizierenden Songs (0:08), und anschließend starten die beiden Gitarristen eine gemächlich-schleppende Instrumentalimprovisation (6:06), bei der auch Ringo schließlich mittrommelt. Es folgt ein beschwingter Versuch von George und Ringo, mit Eddie Cochrans SOMETHIN' ELSE (2:09) auf Touren zu kommen; John, der eine Plauderpause eingelegt hat, macht dann aber bei einem 12-Takt-Blues mit, zu dem er und George einen Text mit der Schlüsselzeile „Blossom dearie they call me" (2:14+) singen.

George schwärmt für diese Art Blues, und John will die Schwärmerei sofort zu einem ad-hoc-Song „Oh how I love the 12-bar blues" (0:04) verwursten, doch George unterbricht ihn: „Es gibt keine zwei 12-Takte, die gleich sind; weil es im Prinzip alles gleich ist, werden die feinen Unterschiede sehr wichtig." John meint, das sei so ähnlich wie in indischer Musik – möchte er sich bei George Liebkind machen, indem er dessen Vorlieben spiegelt? Jedenfalls beginnt John jetzt, den Lovin'-Spoonful-Hit DAY-

DREAM (0:54) zu singen und zu spielen, überläßt das Stück dann aber George, weil Denis O'Dell hereinkommt und John eine Frage an ihn hat: „Hast du den Housego-Artikel gelesen? Glaubst du, wir können dagegen klagen? Wegen der Sache mit der Prügelei? Er sagt auch, das sei früher schon mal passiert – das ist aber ebenfalls gelogen, soweit ist es nie gekommen. Außer einmal der Teller beim Essen in Hamburg." George und er müssen bei der Erinnerung lachen, und überhaupt meint O'Dell, eine Klage sei chancenlos. Also beginnt John lieber mit einer Art musikalischer Gegendarstellung in Form des Country-Standards YOU ARE MY SUNSHINE (1:58), bei dem George und Ringo gutgelaunt (wenn auch musikalisch eher dürftig) mittun. Einmal bei Laune, machen sie gleich weiter mit zwei ineinander übergehenden Jazz-Standards, Paul Whitemans WHISPERING (0:55) und Duke Ellingtons I'M BEGINNING TO SEE THE LIGHT (1:17).

Wieder in gemächlicherem Tempo schließt sich eine sehr bluesige Instrumentalimprovisation (7:54+) an, bei der Paul, der nun dazukommt, auch gleich einsteigt. Warmgespielt hat sich Paul damit, nun singt er sich auch noch warm, und zwar mit dem Temptations-Hit MY GIRL (0:27+) unter Beteiligung der andern drei, und damit sind sie nun in Probenverfassung. Für die Probenarbeit auserkoren wird ein Stück Johns, das bisher nicht ernsthaft geübt wurde und nun – nach einem Fehlstart – erst einmal komplett durchgespielt wird: DIG A PONY (1:58+). Richtig bei der Sache sind die Beatles allerdings noch nicht. „Hoffentlich kommt nicht raus, daß ich den Maharishi zusammengeschlagen hab", witzelt John und initiiert eine heavy klingende Improvisation (0:58), zu der er einen Nachrichtentext über Georges am 20. Januar erfolgte Verurteilung wegen einer Prügelei mit einem französischen Fotografen deklamiert. Paul wirft das Wort „Kittchen" ein, aber George ist mit einer Geldstrafe davongekommen. Prügelvorfälle scheinen derzeit aber zum öffentlichen Bild der Beatles zu gehören. Paul meint: „Ich glaub, wir brauchen gar keine Presseabteilung." John: „Brauchen wir auch nicht. Oder eine stumme. Einen Antidienst, der immer nur sagt: ‚Kein Kommentar!'"

Paul nutzt die Probenunterbrechung kurz zu einer Gruppenimprovisation über seinen halbfertigen Song EVERY DAY (1:11), dann geht es nach Johns aufforderndem „Okay!" weiter mit der Arbeit an dessen Song – auf einen erneuten Fehlstart folgt ein Komplettdurchspiel von DIG A PONY (2:14+), bei dem das Stück schon weitgehend seine endgültige Gestalt hat, abgesehen davon, daß John noch mit dem Text kämpft. Um Überdruß bei der Probenarbeit gar nicht erst aufkommen zu lassen, vergnügen sich die Beatles kurz mit zwei Hits von 1961, Bobby Parkers WATCH YOUR STEP

(0:21) und Gary U.S. Bonds' NEW ORLEANS (3:31); vor allem das zweite dieser Stücke haben sie gut im Griff, dennoch klingt es nicht sonderlich, was zum Teil an den zu stark aufgedrehten Verstärkern liegt.

„Okay", sagt John und will zu *Dig A Pony* zurückkehren, doch dann kommt ihm selbst ein anderer Gedanke dazwischen, und er spielt MAD-MAN (2:09), sein neues Stück, das George noch nicht kennt; es klingt heute allerdings sehr zerfahren, obwohl Paul gleich drauf anspringt, mitsingt und Vorschläge macht. John will zurück zu DIG A PONY (3:34), das eher mäßig durchgespielt wird und noch überhaupt keinen Schluß hat. Paul macht einen Vorschlag für den Gesangspart, fragt dann Glyn Johns (der nun faktisch als Produzent agiert), wann das Mehrspurgerät aufnahmebereit sei – das wird noch bis zum Nachmittag dauern. John: „Okay – wir sind jetzt nämlich an dem Punkt, wo wir gar nicht wissen, wie's klingt." Klar ist nur, es klingt nicht sonderlich. Es ist 12:30, also noch zu früh für die Mittagspause; John und Paul vertreiben sich die Zeit (von Ringo zaghaft unterstützt) mit einer Veralberung von Sanford Clarks THE FOOL (1:17), dann sagt John wieder „Okay!", und es folgt eine weitere Komplettprobe von DIG A PONY (3:42), bei der sie anstelle des fehlenden Endes eine Folge schneller Hardrock-Gitarrenriffs spielen.

Die technischen Probleme, die sich unter anderem in verzerrter Tonqualität äußern, halten an. Als Sound-Test spielen die Beatles sich auf recht schauerliche Weise durch ihre alte Nummer RUN FOR YOUR LIFE (0:31+), massakrieren dann Tommy Tuckers HI HEEL SNEAKERS (1:52+) auf eine Art, die nicht nur der Tonprobleme wegen schwer erträglich ist. Positiv ist allenfalls, daß sie wieder alle vier zusammen spielen und sich bemühen, dies mit einiger Freude zu tun. Zu diesem Zweck versuchen sie sich – mit gekrächzten Vocals von John, aber ohne Ringo – als nächstes an einem schroffen Medley zweier Elvis-Nummern, MY BABY LEFT ME / THAT'S ALL RIGHT (4:36), dann an Eddie Cochrans HALLELUJAH I LOVE HER SO (1:21), das sie schon 1960 (allerdings kunstfertiger) im Repertoire hatten, und einem Medley aus einer weiteren Cochran- und einer Bo-Diddley-Nummer, MILK COW BLUES / I'M A MAN (3:22), bevor sie erneut eine träge, bluesige Instrumentalimprovisation (3:40+) hinschlunzen.

Zur weiteren Belebung der Stimmung amüsieren sich die Beatles gegenseitig mit Anekdoten über ihren Technikfreak ‚Magic Alex', der offenbar eine Gitarre ohne Hals bauen will – oder ist das ein Witz? Spaß und Ernst sind an diesem Tag bei den Beatles schwer zu unterscheiden, auch bei einer von John grölend initiierten Gruselversion von Chuck Berrys LITTLE QUEENIE (0:55). George sieht ein, daß es nicht schaden kann, seine Gitarre wenigstens ein bißchen besser zu stimmen; John hingegen scheint weniger Wert auf Wohlklang zu legen und verhunzt den Standard WHEN IRISH EYES ARE SMILING (0:20), versucht dann, Ringo zu reaktivieren, indem er ihn nach dem Drehstart von *The Magic Christian* fragt – Anfang Februar soll es losgehen, was auch bedeutet, daß die Beatles nicht mehr ewig ihre Studiozeit vertun können. Nachdem John und Paul in einer weiteren Gruselversion Bobby Darins QUEEN OF THE HOP (0:51) zerlegt haben, sagt Paul (wohl als Versuch, alle zur Arbeit zurückzurufen) den Arbeitstitel von *Dig A Pony* an: „All I want is you!" John kräht zur Antwort „das ist fein zu wissen!" und improvisiert mit einem Intro, das klingt wie eine schlechte Hendrix-Karikatur, einen Song mit der Eingangsformulierung „Well, all I want is you" (1:26). Dann ruft John seinerseits zur Probe von *Dig A Pony* auf, karikiert aber erst einmal mit Pauls Hilfe Johnny Cashs FIVE FEET HIGH AND RISING (0:31). Nun endlich folgt ein Komplettdurchspiel von DIG A PONY (3:43), das freilich so ausfällt, wie es der derzeitigen Stimmung entspricht: im Gesang selbstparodistisch, instrumental extrem unsauber, vom Sound her ganz und gar abschreckend. Wenigstens merkt George, daß etwas nicht stimmt: „Ich bin sehr laut!" Paul: „Ich bin's auch."

Sie versuchen, ihre Instrumente zu stimmen; dabei beginnt John, Tony Bennetts IN THE MIDDLE OF AN ISLAND (0:08) zu trällern, ein albernes Liedchen, das von Paul, als alle vier Beatles irgendwie mitzumachen ver-suchen, mit der noch alberneren 50er-Jahre-Schmonzette GILLY GILLY OSSENFEFFER KATZENELLEN BOGEN BY THE SEA (0:48) beant-wortet wird. Das musikalische Niveau ist auf einem neuen Tiefpunkt ange-langt – sicherlich nicht der richtige Zeitpunkt, an produktive Probenarbeit zu denken, doch John ruft seine Mitstreiter genau dazu auf, will es „etwas ruhiger" versuchen, und so folgt eine Probe von DIG A PONY (1:31), die fast so gruselig ausfällt wie die vorherige, zusätzlich aber schlafmützig träge – und als dann auch noch Feedback auftritt, endet das Elend gnädigerweise vorzeitig. George fragt: „Sind wir so weit, daß wir etwas mitschneiden können?" Aber Glyn Johns hat noch mit ganz anderen technischen Proble-men zu tun, an Mitschnitte ist gar nicht zu denken – einmal abgesehen davon, daß die Beatles derzeit ganz und gar nichts Mitschneidenswertes produzieren. Während die anderen an Mikros und Kabeln herumprökeln, um die Ursache der Rückkopplungen zu finden, amüsiert sich Paul, indem er blumig formulierte Passagen aus dem Housego-Artikel vorliest.

John steht der Sinn offenbar nach weiterem Musikgekasper, und so initiiert er eine wüste Rock'n'Roll-Jam (4:47), in der Elemente aus Chuck Berrys *Roll Over Beethoven*, Elvis' *Good Rockin' Tonight* und – natürlich auf

Georges Initiative – Dylans *Down In The Flood* verwurstet werden. Pauls Beitrag besteht darin, daß er weiter aus dem Zeitungsartikel deklamiert: „Drogen, Scheidung und ein verrutschendes Image spielen ihren Hirnen auf verzweifelte Weise mit, und sie alle gewannen den Eindruck, die Öffentlichkeit werde aufgefordert, sie zu hassen. Sie werden nie wieder die sein, die sie waren.“ Paul und John klingen, als seien sie besoffen, high – oder vielleicht doch nur forciert albern; Georges Versuch, mit John über Dylans *Basement Tapes* zu sprechen, ist schon deshalb zum Scheitern verurteilt.

Paul ruft plötzlich auf deutsch: „Spiel mal! Mach schau, mach schau!“ Und er reißt sie in eine zwar wiederum gruselig (und besoffen) klingende, aber sehr schwungvolle Version von Chuck Berrys FORTY DAYS (1:27), die George am Ende in eine flotte Jam überführt. „Okay, Jungs, das ist cool, Jungs“, sagt Paul mit Elvis-Stimme, witzelt ein wenig mit John herum und stimmt dann eine uralte Lennon-McCartney-Nummer an, TOO BAD ABOUT SORROWS (0:57), die von allen vier Beatles als Schmachtfetzen hingewurstelt wird. „Okay!“, sagt John schließlich, und inzwischen wissen wir, was das heißt – er möchte wieder richtig proben. „Avec Simplissimo“, wie John ansagt, folgt eine Komplettprobe von DIG A PONY (4:03), die bisher beste des heutigen Tages (was nicht sonderlich viel heißt). Glyn Johns signalisiert, er sei nun so weit, daß er etwas aufnehmen könne, sie sollten den Song nochmals spielen. Mit albern verstellten Stimmen verständigen sich John und Paul darauf, es jetzt noch etwas verhaltener zu versuchen, dann singt Paul als Zeichen, daß er bereit ist, einige Takte aus Fats Dominos I'M READY (0:10), und es folgt nach einem vorbereitenden Detailversuch des Refrains und einer zur Lockerung von Paul gesungenen Zeile aus James Brownes PAPA'S GOT A BRAND NEW BAG (0:04) eine weitere Komplettprobe von DIG A PONY (3:53), die nun – im Bewußtsein, daß eine richtige Aufnahme davon hergestellt wird – plötzlich richtig hörbar ausfällt; der Song klingt jetzt fast schon fertig.

Die Albernheiten gehen dennoch weiter. Da Paul am Ende der Probe das Wort „girl!“ gesungen hat, sieht John sich veranlaßt, die Titelzeile von YOU'RE GONNA LOSE THAT GIRL (0:07) mit zweideutig verändertem Text zu deklamieren, und nach gleichem Muster machen er und Paul sich dann gleich über Lulus SHOUT! (0:11) her. Nachdem Paul sich auch noch im Falsett an einem unbekannten Song (0:16+) vergangen hat, ruft John mit einem „Okay, Kolonne!“ wieder an die Arbeit, wobei sie sich allerdings nicht *Dig A Pony* vornehmen, sondern ihr Glück an mindestens zwei Durchläufen von I'VE GOT A FEELING (2:57+ / 0:45+) versuchen, deren zweiter vorzeitig endet, als Paul in Gelächter ausbricht, vielleicht weil

Ringo aus dem Takt gekommen ist. John, der möchte, daß *Dig A Pony* und *I've Got A Feeling* unmittelbar ineinander übergehen (womöglich weil er damit das Problem des fehlendes Schlusses seines Songs gelöst hätte), amüsiert sich noch kurz mit einer Nummer, die mit der Zeile „Everybody got the William Smith Boogie" (0:21) beginnt, und Paul unternimmt gurgelnde Stimmgeräuschexperimente, aus denen unter Beteiligung aller Beatles eine Art Song mit der Refrainzeile „Why do you treat me so bad" (1:44) entsteht. Und noch eine kleine Alberei hat Paul in petto, nämlich ein vermutlich ad hoc entstehendes Liedfragment mit der Eingangsformulierung „San Ferry Ann Francisco" (0:12).

Aber John drängt darauf, Aufnahmen mit richtigem Equipment von den drei Probennummern, an denen er beteiligt ist, herzustellen, um endlich hören zu können, wie sie klingen. Paul improvisiert zu diesem Thema noch einen weiteren kleinen ad-hoc-Song mit der Schlüsselzeile „You gotta give back" (0:23), in dem er Vor- und Nachteil des Live-Spielens artikuliert. John reagiert mit eigenen Witzchen, sagt die Band als „The Bottles" an, doch der folgende Probedurchlauf von DIG A PONY (3:58) wird von allen ernstgenommen. Johns Urteil, angelegt als Songzitat: „It's getting better!" Paul antwortet: „You've got to admit it's getting worse." Zumindest an diesem Tag geht es nicht anders, John und Paul müssen zwischen ernsthaften Probenversuchen ungebremst ihrer Lust am Unernst frönen. Paul singt rasch noch einen weiteren ad-hoc-Song, diesmal mit dem alleinigen Text „Well, well, well, well" (0:16), dann versuchen sich Paul, George und Ringo gemeinsam an dem Jackie-Lomax-Song YOU'VE GOT ME THINKING (1:00), auf dessen Originalaufnahme sie alle drei gespielt haben, werden aber von John durch ein abermaliges „Okay, auf geht's!" unterbrochen. Es folgt der zweite mit richtigem Aufnahmegerät mitgeschnittene Take von DIG A PONY (3:30+), Johns Wunsch gemäß ohne Pause gefolgt von I'VE GOT A FEELING (3:47). Beide Songs werden von den vier Beatles mit vollem Einsatz eingespielt, aber in ihrem musikalischen Können sind sie heute offensichtlich nicht ganz auf der Höhe; es springt kein Funke über, und es fehlt die letzte Raffinesse. Immerhin liegen jetzt für beide Songs Versionen vor, auf denen sich aufbauen läßt.

„Don't let me down, baby!", deklamiert John am Ende von *I've Got A Feeling*, und das ist auch gleich als Ansage gedacht – es folgt (nach mehreren Fehlanläufen) ein halbkomplettes Durchspiel von DON'T LET ME DOWN (2:07), das von Glyn Johns mitgeschnitten wird. Auch in diesem Fall wirkt das Wissen darum, daß es nicht nur eine Probe, sondern ein Aufnahme-Take ist, zunächst disziplinierend, die Beatles beginnen mit einer wuchtigen, homogenen Version, und John achtet penibel darauf, daß er seine überbordenden Albernheiten auf die Spielpausen und ohnehin mißlungene Anläufe beschränkt – aber er hat den Text seines Songs wieder einmal nicht präsent, und so bricht mittendrin alles zusammen, und die Beatles versuchen gar nicht erst einen neuen Anlauf, sondern fummeln nur noch an einigen Details herum. Paul läßt es sich nicht einmal nehmen, eine Art Easy-Listening-Version auszuprobieren (allerdings nicht als ernsthafte Überlegung, sondern nur zur eigentlich überflüssigen weiteren Belustigung).

Und dann gibt Paul die Parole aus: „Kommt, laßt uns das mal abhören!" Also lassen sie sich im Kontrollraum die Aufnahmen vorspielen, wobei sich das Interesse besonders auf die neueste Nummer *Dig A Pony* konzentriert. Pauls erstes Urteil: „Mit den vielen Strophen wird es ein bißchen langweilig." John überlegt, ob man an den Gesangsstimmen vielleicht etwas ändern sollte; insgesamt ist er aber nicht unzufrieden angesichts der Tatsache, daß dies die ersten Bänder sind, auf denen sie – nach immerhin fast zweiwöchiger Probenarbeit – zum ersten Mal hören können, was sie spielen. George drückt sich ganz um ein Urteil und möchte die Aufnahme zuvor nochmals hören. Das geschieht, und da nun der erste Eindruck schon gefestigt (und die Nervosität des ersten Anhörens überwunden) ist, fängt John wieder zu witzeln an; außerdem macht er Ringo Vorschläge, wie er seinen Drumpart ändern solle.

Und damit geht's zurück ins Studio, wo John sich ans E-Piano setzt, mehrmals einige Takte DIG A PONY (0:51 / 0:30) spielt und dann die Ansage macht, die später als Teil der Schallplatte *Let It Be* berühmt werden wird: „*I Dig A Pigmy* by Charles Hawtrey and the Deaf Aids – phase one in which Doris gets her oats!" Wieder zurück an der Gitarre, versucht John noch eine weitere Gruppenprobe von DIG A PONY (0:18), die aber rasch zusammenbricht. Er spielt noch einige wenige Akkorde des Songs, um sich mit Ringos Drums abzustimmen, aber eigentlich ist die Probenarbeit zu Ende – es ist schon 19 Uhr. John krakeelt herum, vor dem Feierabend müsse er unbedingt noch E-Piano spielen, setzt sich an das Instrument und stimmt Chris Montez' LET'S DANCE (0:50) an; George und Paul machen mit, aber etwas Hörbares kommt dabei ebensowenig heraus wie bei einer anschließenden Dudeljazz-Improvisation von Ringo, Paul und George (0:49). John will etwas anderes; nach einem ersten Versuch, der abgebrochen wird, weil Glyn Johns noch nicht soweit ist, spielen alle vier Beatles für die Aufnahme eine schön kompakte Komplettversion von DON'T LET ME DOWN (3:05), die nur etwas darunter leidet, daß weder John noch Paul wirklich ernsthaft singt.

Paul zupft kurz ein Baßriff (0:14), das eine vage Ähnlichkeit mit dem an diesem Tag schon von ihm gesungenen *My Girl* hat, aber George, der entzückt zur Kenntnis nimmt, daß sein Leslie-Lautsprecher jetzt da ist, hat noch ein ernsthaftes Anliegen – wie wär's, wenn sie noch eben einige der in Twickenham geprobten Songs durchgehen würden? John, heute der Oberkasper, singt zu völlig falscher Melodie die Titelzeile von *Get Back*, woraus sich eine gemeinschaftliche Mini-Improvisation entwickelt (0:17). Paul hat sich unterdes von Kevin Harrington die Songliste geben lassen und liest vor: „*All I Want Is You, The Long And Winding Road, Bathroom Window, Let It Be, Across The Universe, Get Back To Where You Once Belonged, Two Of Us On Our Way Home, Maxwell's Silver Hammer, I've Got A Feeling, Sunrise, I Me Mine.*" George kann sich nicht erinnern, was *Sunrise* sein könnte (gemeint ist, wie Paul ihm erklärt, sein eigener Song *All Things Must Pass*!), und sucht sich *She Came In Through The Bathroom Window* aus. Bevor es soweit ist, müssen erst einmal Spielfinger und Stimmbänder gelöst werden, und so entsteht als Lockerungsübung eine 12-Takt-Blues-Improvisation, über die John mit veränderter Melodie nochmals QUEEN OF THE HOP (0:38) singt. Dann aber geht's an das von George vorgeschlagene Stück Pauls. John behauptet erst einmal, er habe keinerlei Erinnerung daran, und singt eine abgewandelte Zeile aus seinem besten eigenen Beitrag zu diesen Sessions vor sich hin: „Well, I'm in love with a Russian." Aber er frohlockt, daß er bei Pauls Song am elektrischen Klavier bleiben darf!

Ein erster, extrem träger Durchspielversuch scheitert, weil George nicht mehr weiß, welche Akkorde er spielen muß, also gibt Paul erst einmal Detailnachhilfe und feilt am Harmoniegesang, bevor Glyn Johns eine Komplettaufnahme von SHE CAME IN THROUGH THE BATHROOM WINDOW (3:03) machen kann; diese Aufnahme wird so prima, daß sie ein gutes Vierteljahrhundert später (fehldatiert) auf dem Doppelalbum *Anthology 3* landen wird. Paul gefällt besonders die ‚klassische' Art und Weise, wie John das Stück am E-Piano ausschmückt. Er geht einzelne Passagen nochmals gesondert durch, startet dann einen weiteren Durchlauf von SHE CAME IN THROUGH THE BATHROOM WINDOW (6:11), in den hinein er Ansagen an seine Mitspieler spricht, um Detailveränderungen auszuprobieren – infolgedes ist diese Arbeitsfassung, die schließlich sogar unterbrochen wird und dann ganz versandet, lange nicht so überzeugend wie die vorherige.

Für heute war's das. John, immer noch am E-Piano, spielt und singt noch einige Takte MADMAN (0:21); es bleibt leider das letzte Mal, daß dieses durchaus vielversprechende Stück bei diesen (oder überhaupt irgendwelchen) Sessions erklingt. Lindsay-Hogg, der den ganzen Tag bemerkenswert stiller war als an den Tagen in Twickenham, versucht jetzt doch noch wieder, eine Idee für die Live-Show loszuwerden, wird aber abgebügelt. George übt Gitarrenriffs, weil er, wie er sagt, noch etwas ausprobieren will; zu einer Hendrix-artigen Figur singt John kurz ein schrilles „Is that a chicken joke?" (0:22), dann verläßt er mit Paul das Studio.

Zu Ende ist ein Probentag, bei dem es sich endlich wieder lohnt, ein Fazit zu ziehen. Das heißt allerdings nicht, daß das Fazit uneingeschränkt positiv ausfallen könnte. Positiv ist, daß die Beatles betont fröhlich und unbeschwert miteinander umgehen, ständig zu Scherzen neigen (bisweilen ein bißchen arg) und sogar den erbitterten Streit, der zu Georges Ausstieg elf Tage zuvor führte, und die Presseberichterstattung darüber mit Humor nehmen können. Auch von Überdruß über die Probenarbeit ist an diesem Tag nichts zu spüren, vielleicht weil es der erste Probentag seit mehr als einer Woche ist; auffällig ist, daß die Initiative bei den Proben hauptsächlich von John ausgeht, dessen Songmaterial zudem im Mittelpunkt steht – das war bisher nie so. George stellt sich völlig in den Dienst der Gruppe (was heißt: in den Dienst von John und Paul), bringt keine eigenen Songs aufs Tapet und wirkt dennoch ausgeglichen und zufrieden; Paul wiederum, der vielleicht aus taktischen Gründen als letzter gekommen ist, hält sich mit eigenen Ideen und allem, was oberlehrerhaft rüberkommen könnte, zurück – das trägt allerdings auch dazu bei, daß das musikalische Niveau dieses ersten Probentages am neuen Ort größtenteils grottenschlecht ist. Erst in dem Augenblick, in dem Glyn Johns in der Lage ist, professionelle Mehrspuraufnahmen mitzuschneiden, bemühen sich die Beatles und kriegen erträgliche Versionen von *Dig A Pony, I've Got A Feeling, Don't Let Me Down* und *She Came In Through The Bathroom Window* zustande; alles andere, was sie an diesem Tag spielen, ist eine Beleidigung für sämtliche Ohren weit und breit.

Zu fünft

Mittwoch, 22. Januar 1969, Apple-Studio

Paul ist heute wie schon oft als erster Beatle am Probenort. Lindsay-Hogg spricht mit ihm wieder einmal über den Live-Auftritt: „Sollten wir es vielleicht heute in einer Woche machen? Am 29.?" Paul: „Ja, oder vielleicht lieber am Wochenende?" Lindsay-Hogg macht den Vorschlag, es als spontane Open-Air-Show durchzuführen; als möglicher Ort kommt Primrose Hill in Betracht, ein Park, in dem immer Publikum für unangekündigte Darbietungen zugegen ist; allerdings würde man dafür wohl eine Genehmigung brauchen, was dem Spontancharakter zuwiderliefe.

George kommt dazu und schaltet sich ins Gespräch ein: „Wollt ihr's immer noch mit einem Haufen Leuten machen? Mit Publikum, alles in einem Durchgang?" Paul stottert an einer Nichtantwort. George: „Wenn wir das Album machen wollen, sollten wir auf der Stelle damit anfangen, finde ich." Paul wirft ein, das Kamerateam brauche ein bißchen Vorbereitungszeit. George: „Machen wir's alles hier? Oder proben wir hier nur, bis wir bei EMI ins Studio können?" Paul will die Plattenaufnahmen an Ort und Stelle machen, hier im Apple-Studio; Lindsay-Hogg beharrt allerdings darauf, man brauche Publikum, um den richtigen Live-Charakter zu erzeugen. Paul macht einen Terminvorschlag: „Freitag in einer Woche oder so, dann haben wir noch eine gute Woche – das wäre ziemlich fix, aber wir hätten noch die Zeit, es hinzukriegen. Oder der Sonnabendnachmittag wäre auch gut."

George stimmt seine Gitarre und wirft den Leslie-Lautsprecher an; bei den Geräuschen werden alle neugierig. Paul fragt: „Kannst du's so hinkriegen wie auf *A Whiter Shade Of Pale*?" George klagt über widrige Verzerrungseffekte und spielt zur Demonstration nicht den Procol-Harum-Hit, sondern Dylans I SHALL BE RELEASED (0:49); es klingt in der Tat weniger nach Gitarre als nach verzerrter Orgel. Paul setzt sich an Ringos Schießbude, schwärmt von alten Hamburger Zeiten und spielt zur Sound-Abstimmung für Glyn Johns ein Schlagzeugsolo (0:40). Das Gespräch kommt auf Mary Hopkins Album *Post Card*, das bei Apple erscheinen soll; Paul, der in gelöster, aber etwas gelangweilter Stimmung zu sein scheint, spielt noch ein Schlagzeugsolo (0:26), und als George relaxed LET IT DOWN (3:15) zu spielen und zu singen beginnt, trommelt Paul eine zappelige Begleitung.

Glyn Johns geht mit Paul und George in den Kontrollraum, um ihnen Mitschnitte vom Vortag vorzuspielen, zunächst *Don't Let Me Down*. Georges Urteil: „Das klingt eigentlich ziemlich nett. Es ist nur so, daß wir seit langem so arbeiten, daß wir erst den Instrumentaltrack richtig gut ausarbeiten und uns dann anschließend auf den Gesang konzentrieren. Das ist das, was mir jetzt nicht so gefällt." John und Yoko treffen ein, und während die Vortagsaufnahme von *I've Got A Feeling* läuft, beginnt John wieder, auf den Journalisten Housego zu schimpfen: „Wie kann er das behaupten, daß Yoko John zu etwas verleitet hat!" George: „Da ist doch weiter nichts dran, außer daß es eine Lüge ist." John: „Das ist das, was sie glauben – sie zerrt mich hin, wo sie mich haben will!" Und John hat einen Brief von Stu Sutcliffes Mutter bekommen, die um finanzielle Unterstützung bittet – John und George lesen sich belustigt gegenseitig aus dem Brief vor. Ihre Stimmung scheint bestens, vielleicht weil sie sich über andere Leute ereifern können, auch Yoko gackert viel an diesem Morgen.

Als Ringo (ausnahmsweise als Letzter) auftaucht, gehen sie alle ins Studio zurück; John setzt sich ans E-Piano, George nimmt seine Gitarre, und beim Einspielen der Instrumente entsteht eine kleine minimalistische Improvisation (1:06). John spielt und singt einige Takte aus einer Nummer ihres frühen Repertoires, Richie Barretts SOME OTHER GUY (0:54), dann mit Georges Unterstützung eine bluesige Instrumentalimprovisation (0:38) und Chuck Berrys JOHNNY B. GOODE (0:51), nippt zwischendurch an seinem Tee, legt dann mit George und Ringo eine träge Gruselversion von DON'T LET ME DOWN (2:54) hin, die schließlich gnädig abbricht, weil George mit Feedback zu kämpfen hat. Dem Trägheitsgesetz unterliegt auch George, der mit Johns und Ringos recht stümperhafter Hilfe nochmals I SHALL BE RELEASED (1:48) spielt und jetzt auch singt. Es folgen zwei sehr rudimentäre Gruppenimprovisationen (1:16 / 1:13), die vornehmlich dem Zweck dienen, die Zeit zu überbrücken, bis Glyn Johns bereit zum Aufnehmen ist. Nebenher wird lässig geplaudert, und George beschwert sich, es sei hier im Studio ziemlich heiß (das gemütliche Apple-Kellerstudio wird von den Kamerascheinwerfern naturgemäß schneller und stärker aufgeheizt als die offene Bühne in Twickenham).

Dann ist Glyn Johns bereit und fragt, was sie spielen wollen. Paul scherzt: „*Rocky Road Blues*!" Auch John will aber, und zwar ernsthaft, wissen, womit sie anfangen wollen. Paul: „Äh – mit dem neuesten." George: „Welches ist das?" Paul: „*Dig A Pony*." John spielt das Eingangsriff an, doch George ist noch nicht bereit, er braucht ein Mikro, drum vertreibt sich Paul die Zeit, indem er die Middle-Eight von DON'T LET ME DOWN

(1:11) anstimmt, woraus sich ein nicht ernstgemeintes Gemeinschaftsspiel entwickelt.

Aber nun endlich sind alle bereit und beginnen Proben von DIG A PONY, mit denen die Beatles sich etwa eine Stunde lang beschäftigen. Nach mehreren Fehlstarts gelingt ihnen ein erster Komplettdurchgang durch DIG A PONY (3:54), der freilich unter Feedback, einem anfängerhaften Gitarrensolo und einer ziemlich lethargischen Grundstimmung leidet. Auch John klagt jetzt über die Hitze und den Mangel an Frischluft hier im Studiokeller. Eine weitere Komplettprobe von DIG A PONY (3:53) gerät noch lethargischer und klingt völlig lustlos. John klagt, das Stück weise arg viele Akkord- und Rhythmuswechsel auf, probiert mit Paul einige Gesangsalternativen, die aber keinerlei Verbesserung bringen, und wehrt Pauls Vorschlag ab, ihren Stimmen Echo zu unterlegen: „Es wäre schön, wenn wir gute saubere tote Stimmen hinkriegen könnten." Ein guter Sänger, der ihm dabei einfällt, ist Jeremy Spencer von Fleetwood Mac: „Sehr still – er ist kein Shouter. Besser als Canned Heat! Er kann besser singen als Canned Heat!" Paul nimmt das zum Anlaß, eine flotte Coverversion von Canned Heats GOING UP THE COUNTRY (0:55) zu starten, die Glyn Johns unterbricht, weil ihm irgendwas am Sound von Pauls Baß nicht gefällt.

Die nächste Komplettprobe von DIG A PONY (4:03) fällt deutlich besser, wenn auch noch nicht wirklich packend aus; zu hören ist sie auf *Anthology 3*, inklusive Pauls anschließender Bemerkung: „Wir werden mit der Zeit immer besser, wie ein guter Wein." John jammert nochmals über die Hitze (er möchte, daß jemand Ventilatoren besorgt), improvisiert mit Ringo ein kleines Rock'n'Roll-Instrumental (0:22) und ruft zu noch einer Komplettprobe von DIG A PONY (3:56) auf, die (nach einem Fehlstart) deutlich besser gelingt als die vorherigen, vor allem, was Johns nun gefühlvolleren Gesang betrifft. Das reicht vorerst; die Beatles gehen in den Kontrollraum, um die Aufnahmen abzuhören. „Ja, cooler Raum, Baby!", bestätigt John Yoko.

Und das Urteil über ihre Aufnahmen? George meint: „Jetzt sind wir da, wo wir normalerweise sind, wenn wir einen Basistrack hingelegt haben und anfangen, Sachen hinzuzufügen – die Stimme und so weiter –, um eine Platte draus zu machen." Infolge des proklamierten Live-Aufnahmeprinzips müssen sie alles, was noch hinzugefügt werden soll, aber jetzt in ihr Spiel integrieren. Konkret wünscht John, daß Ringo seine Schlagzeugarbeit weiter ausschmückt, und zu diesem Zweck folgen allerlei Teilproben. Ein schließlich versuchter Komplettdurchgang weist verbesserte Passagen auf, büßt dafür aber an Homogenität ein, und Pauls Harmoniegesang klingt ein wenig nach Überdruß. John probiert anschließend an den Gitarrenparts herum und möchte, daß Glyn Johns einen weiteren Take von DIG A PONY (3:30) mitschneidet, der jedoch vorzeitig abbricht, weil Ringo seinen Schlußeinsatz verpaßt. John tröstet ihn: „Es ist eine zu heavy Nummer, um sie die ganze Zeit immer wieder durchzuspielen."

Folgerichtig schlägt Paul einen Wechsel vor: „Laßt uns *I've Got A Feeling* durchgehen." Das perlende Riff ist sogleich da, und nach einem Fehlstart gelingt der Versuch, I'VE GOT A FEELING (3:05) komplett durchzuspielen, beinahe – erst kurz vor Schluß bricht er ab. Auf Johns Veranlassung wird am Break und der letzten Strophe gearbeitet, er probiert Gesangsvarianten, die freilich nicht überzeugen können, wendet sich dann Georges und seinem eigenen Gitarrenspiel zu. Eigentlich möchte er einen Sound, der etwas mehr nach Country klingt; Paul weist zu recht auf die Gefahr hin, es könne altmodisch klingen, außerdem bekommt er bei der von John angestrebten softeren Variante Probleme mit seinem Falsettgesang, der dazu nicht passen will. Nach länglichem Riffgeprobe versuchen sie zwei Durchspiele dieser Soft-Country-Version von I'VE GOT A FEELING (2:03 / 2:05), bei denen aber der Charakter des Songs unvorteilhaft verändert wird; beide Versuche enden der sich ergebenden Probleme wegen vorzeitig. Hauptproblem ist, daß die scharfkantigen Akkorde und Melodiebögen des Songs mit der relaxten Haltung, in der John ihn spielen möchte, nicht zusammenpassen. Daß John und Paul zwischendurch Martin Luther Kings Worte „I have a dream!" ausrufen, paßt ebenfalls nicht zum Charakter des Songs (eine Sendung über den Bürgerrechtler und die Rassenkonflikte in Amerika lief am Vorabend im Fernsehen; zumindest John, Paul und George haben diese Sendung gesehen und dabei allerlei Halbwissen aufgeschnappt).

Da das Experiment mit dem Country-Feeling nicht funktioniert hat, probieren sie jetzt, die Riffs des Songs als Hardrock-Variante zu spielen. Diese Variante wird bei einer weiteren Komplettprobe von I'VE GOT A FEELING (2:37+) ausprobiert, wobei im Mittelteil allerdings die Pseudo-Country-Schnörkel bleiben – das Ergebnis ist ein sicherlich interessantes Experiment, das sich anhört wie die Kombination aller Einfälle, die geeignet sind, das Stück zu ruinieren. John hat offenbar auch die Schnauze voll; „*Don't Let Me Down* heute nachmittag!", ruft er und stimmt seine Gitarre, während George noch am Gitarrenlick des eben geprobten Songs herumprobiert. Und dann ist Mittagspause, die auch zum Durchkühlen des Raums genutzt wird.

Nach der Mittagspause macht Paul das, was er am Morgen aus irgendeinem Grund unterlassen hat, er übt zur Entspannung sein Klavierspiel, diesmal mit THE LONG AND WINDING ROAD (1:30+). Währenddessen taucht plötzlich ein alter Bekannter im Studio auf, gänzlich unverhofft für alle außer George, der Ende des vorherigen Jahres mit Eric Clapton bei einem Konzert von Ray Charles gewesen ist und dabei dessen Organisten Billy Preston als alten Kumpel erkannt hat. Die Beatles kennen Preston aus der Zeit eines Engagements in Hamburg, das sie sich mit ihrem Idol Little Richard teilten; 1962 war das und Preston damals der 16jährige Benjamin in Richards Band. George hat in den Tagen seiner Abwesenheit vom aktuellen Beatles-Projekt Billy Preston, der immer noch in London ist, eine Nachricht zukommen lassen, er solle doch mal bei Apple vorbeikommen – solche Einladungen spricht er gewohnheitsmäßig aus (unter anderem mit der Folge, daß sich ein Trupp Hell's Angels ein Weilchen bei Apple einlogierte), aber vielleicht hat er bei Billy Preston einen Hintergedanken gehabt. Alle freuen sich jedenfalls, den alten Kumpel wiederzusehen, und während sie auf ihren Instrumenten herumdudeln, fragen sie ihn aus, wie es mit Ray Charles laufe und was Little Richard in L.A. treibe. Ausgerechnet Paul, der bisher am wenigsten geneigt schien, die Beatles-Phalanx zu öffnen, äußert die naheliegende Idee, Billy könne doch bei einigen ihrer Nummern mitspielen.

Erst einmal führen die Beatles dem Neuankömmling I'VE GOT A FEE-LING (0:45+) vor, gehen dann, nachdem Billy sich ans E-Piano gesetzt hat, einige Stellen gezielt durch. „Sie sind alle wie das", meint John über ihre neuen Songs, „alles eine Sorte. Und alle Tonart A! Ich kann's gar nicht abwarten, sie jetzt mit 'nem Pianisten zu spielen." Die Kollegen fragt John: „Sollen wir ihm also die anderen zeigen?" Den Anfang machen sie mit einer Komplettversion von DIG A PONY (3:49), die konzentrierter und besser ausfällt als alle bisherigen, was wohl nicht an Billys Beteiligung liegt (in diesem Stück hat er wenig zu tun), sondern einfach an seiner Anwesenheit. George frohlockt: „Das ist viel besser mit ihm, ob er nun spielt oder nicht – es ist einfach das Wissen, daß man nicht verantwortlich ist, alles selbst machen zu müssen; dann macht man das, was man machen soll, viel besser." John freut sich, weil sie jetzt einen volleren Sound haben, und so sind sie allerbester Stimmung. Auf Johns Vorschlag spielen sie nach kurzer Einweisung und einem Fehlstart DON'T LET ME DOWN (3:07), und wieder wird es eine Komplettversion von bisher nicht erreichter Qualität. Nur mit der Middle-Eight ist John nicht zufrieden, George soll sie ohne Leslie-Effekt spielen – das wird im Detail ausprobiert, dann folgen zwei weitere Komplettdurchläufe durch DON'T LET ME DOWN (3:09 / 3:48), die noch besser als der vorherige ausgefallen wären, hätte John seinen Text im Griff. Billys Mitwirkung erhöht die Qualität des Stücks, verändert allerdings auch den Charakter, die kompakte Wucht früherer Proben wird zugunsten eines etwas durchsichtigeren Klangbildes ein wenig zurückgenommen.

John ist happy: „Großartig – er gibt uns richtig Auftrieb!" In der Teepause wird Billy mit George Martin bekannt gemacht; George, den die Gegenwart des alten Kumpels offenbar an alte Zeiten erinnert, spielt und singt kurz A TASTE OF HONEY (0:12) an. Glyn Johns muß die Nostalgie ganz profan für einen Test der Schlagzeugmikros unterbrechen, aus dem sich eine kleine instrumentale Gruppenimprovisation (0:27) entwickelt, der Paul noch eine Spontanversion von OH! DARLING (0:28) nachschiebt. Die guten Vibrations drohen der Probendisziplin beinahe zu schaden.

Aber dann machen sie sich doch wieder an die Arbeit. John erklärt Billy, an was für einem speziellen Projekt sie arbeiten und was dabei das Problem ist: „Jede Nummer hat einen Klavierpart, und diesmal wollen wir es doch live einspielen. Ich meine, einfach live für uns." Er schlägt vor, Billy zum Üben Aufnahmen ihrer Songs mitzugeben, aber George findet, durch einfaches Mitspielen werde er sich schon hineinfinden (und genau das macht Billy Preston mit Bravour). Gemeinsam versuchen sie in mehreren Anläufen, I'VE GOT A FEELING (0:07+ / 0:08 / 2:51 / 0:53 / 1:56+) durchzuspielen, doch früher oder später brechen all diese Versuche ab, weil enervierende Rückkopplungen auftreten.

Entspannung holen die nun fünf Beatles sich mit einer fetzigen Spontannummer, die Paul auf der Bandschachtel als ROCKER (0:33+) bezeichnen wird; tatsächlich ist es eine auf Fats Dominos *I'm Ready* basierende Improvisation. Auf Pauls Betreiben spielen sie dann eine hübsche, wenn auch nicht textsichere Fassung des Drifters-Hits SAVE THE LAST DANCE FOR ME (0:38), an die sich übergangslos ein Schnipsel aus DON'T LET ME DOWN (0:12) anschließt. Damit sind sie wieder bei ernsthafter Arbeit; es folgt ein kompletter Take von DON'T LET ME DOWN (3:35), der in jeder Hinsicht so wunderbar gelingt, daß Glyn Johns ihn später für die mehrmals angekündigte, aber nie erschienene LP *Get Back* auswählt und abmischt, ebenso wie die unmittelbar davor gespielten fragmentarischen Fremdnummern.

John spürt wohl, daß sie in bester Form sind: „Okay, laßt uns dann die nächste Nummer machen. *Would You Dig A Pony*, und dann direkt weiter zu *I've Got A Fever*." Glyn Johns muß aber eben noch das Band wechseln, und die Pause wird zu einer losen Improvisation (1:19) mit kraftvollen Vocals von John genutzt. Dann ist alles bereit, und auf mehrere Fehlstarts folgt ein kompletter Take von DIG A PONY (3:51), der aber trotz guten

Gesangs und schöner Keyboard-Arbeit etwas verkrampft rüberkommt. „Könnten's besser hinkriegen", meint John richtig, also wird an einigen Details herumprobiert. George findet das gesungene Intro schwach; John meint, das komme daher, daß sie nicht richtig synchron seien. Nach diverser Kleinarbeit und mehreren Fehlstarts gelingt dann ein weiterer kompletter Take von DIG A PONY (3:42) so homogen und überzeugend, daß er (trotz eines leichten Lachansatzes des singenden John) später für die LP *Get Back* ausgewählt wird. Johns Wunsch gemäß wird ohne Pause gleich I'VE GOT A FEELING (2:40) angehängt, und auch diese Version klingt ausgesprochen gut, zerfällt aber kurz vor Ende – dennoch erscheint sie auf dem LP-Projekt *Get Back* und später dann auf *Anthology 3* (wo sie fehldatiert ist). Es folgen Polierversuche und drei Komplettdurchspiele von I'VE GOT A FEELING (3:30 / 1:14+ / 3:37), alle mit dem zerbröselten weitgehend identisch, wenn man davon absieht, daß Johns Gesang zusehends unsauberer wird und die Spielenergie etwas schwindet.

John spielt in *Revolution*-Manier das Intro aus Chuck Berrys CAROL (0:11), von Billy hämmernd am Piano begleitet; dann gehen sie auf Pauls Vorschlag hin zum Abhören der mitgeschnittenen Bänder in den Kontrollraum. Den Sound der Aufnahmen findet Paul gut, und George ergänzt: „Viel besser, seit Billy dabei ist, er füllt es an, wo es sonst ein bißchen lückenhaft ist." Während sie warten, daß Glyn Johns die Aufnahme von *Don't Let Me Down* findet, scherzt George: „Wir müssen das Zeug immer wieder proben und proben, um es einzustudieren, aber wenn man's dann aufnimmt, muß man sich wenigstens entscheiden, ob man's so oder so spielt. Wenn man hingegen auf Tour ist und die Nummern immer wieder spielt, verändern sie sich langsam, nicht? Das heißt, wir könnten unendlich weiterproben, weil es sich immer weiter verändert. Wir könnten dann ewig immer an einem Song rummachen!" Yoko gefällt dieser Gedanke sehr. Paul fragt, ob sie nicht vielleicht ein Mellotron einsetzen könnten, um den Songs Streichersound à la Moody Blues hinzuzufügen, doch so ein Instrument ist im nur bedingt einsatzbereiten Apple-Studio, in dem sie vorzeitig zu arbeiten begonnen haben, nicht vorhanden.

Es ist jetzt kurz nach 18 Uhr – eigentlich Feierabendstunde, aber ihnen läuft die Zeit davon, da Ringos Filmaufnahmen bald beginnen, worauf John hinweist, als Lindsay-Hogg mit ihm über das Live-Vorhaben plaudert. John geht im Moment von zwei Shows aus, einer im Studio und einer vielleicht im Primrose-Hill-Park – Paul wolle das Komplettrepertoire zweimal spielen, aber vielleicht sei es praktischer, einfach an jedem Ort die Hälfte der Songs einzuspielen. Stellt sich nur noch die Terminfrage – wie wär's mit dem Freitagabend nächster Woche? Das geht nicht, bedauert John: „Da treffen wir uns mit jemandem." Schließlich rückt er auch mit dem Namen raus: „Allen Klein." Yoko wird ganz aufgeregt bei dem Thema.

Als die Beatles ins Studio zurückgehen, taucht noch ein Kumpel aus längst vergangenen Zeiten auf, Alan Williams, ihr erster Manager. Leider hat er vergessen, ihnen eine Aufnahme mitzubringen, die er besitzt: *Summertime*, eingespielt in Hamburg von den Beatles als Backinggruppe des Rory-Storm-Bassisten Lu Walters.

Auf Johns Veranlassung beginnen die Beatles, ausführlich an DON'T LET ME DOWN herumzuproben, vor allem am Songauftakt und dem Harmoniegesang; den aufkommenden Überdruß bekämpfen John und Paul mit albernen Gesangseinlagen. Schließlich zählt John einen Take an, den Glyn Johns mitschneiden soll, doch Paul ist kurzzeitig irritiert: „Was spielen wir? *Don't Let Me Down*?" Diese Frage und den folgenden Fehlstart wird Glyn Johns für die LP *Get Back* vor die Komplettfassung des Songs schneiden. „Es wird jetzt albern", meint John; zwei weitere Versuche brechen ebenfalls ab, erst dann gelingt offenbar ein kompletter Take von DON'T LET ME DOWN (1:11+), der allerdings hinter das früher am Tag erreichte Niveau zurückfällt.

Anschließend wird auch noch ein weiterer Kombinationstake aus DIG A PONY (0:18+) und I'VE GOT A FEELING (3:30) in Angriff genommen, inklusive einiger neuer Ideen, die allerdings nicht verschleiern können, daß Konzentrationsschwächen auftreten. „Ich glaube, wir haben's verloren", meint John, „da gab's doch vorher gar kein Problem!" Er geht mit George die Gitarrenparts durch, kriegt aber nichts mehr in seinen Kopf rein, auch Pauls Hilfestellung schafft keine Abhilfe; ein kompletter Take von I'VE GOT A FEELING (3:32) leidet unter mehreren Aussetzern Johns und einer Unfrische, die wohl der späten Tageszeit geschuldet ist. Paul schlägt vor, Feierabend zu machen, aber John meint: „Laßt uns versuchen, noch *Get Back* zu machen." Glyn Johns fragt dazwischen, ob er die letzten Takes löschen könne. John und Paul sind dafür, sie zu behalten, um den Fortschritt überprüfen zu können – allerdings geht der Bandvorrat zur Neige, deshalb wird beschlossen, jetzt doch keine neuen Aufnahmen mehr zu machen.

Über ein Riff aus *I've Got A Feeling* improvisieren die Beatles eine schroffe Jam (1:48) mit Textfragmenten von John (inklusive Anleihen bei Bo Diddleys *Road Runner*), dann wird ohne Aufnahmeabsicht und deshalb noch unkonzentrierter, aber auch lockerer an ihrem Song herumgeübt. Auf etliche Abbrüche und Detailversuche folgt schließlich noch eine Komplettprobe von I'VE GOT A FEELING (3:39), bei deren Auftakt Paul den Text zum Zeichen des Überdrusses abwandelt: „I've got another feeling, another feeling deep inside." Als Schlußpunkt unter den Tag gönnen die Beatles sich noch eine kurze Gruppenimprovisaton (0:36). „Wir treffen uns morgen früh schon um sechs", witzelt Paul; man einigt sich dann aber doch auf elf.

Das Fazit dieses Tages fällt rundum positiv aus. Statt sich – wie oft zuvor – in einer Fülle unbrauchbaren Materials zu verlieren, arbeiten die Beatles gezielt an drei Songs, von denen sie hervorragende Takes auf Band bekommen: *Dig A Pony, I've Got A Feeling* und *Don't Let Me Down*. Diese drei Takes sind so gut, daß Glyn Johns sie später für die LP *Get Back* auswählen kann, für die er als Füll- oder Überleitungsmaterial zudem noch *Rocker* und *Save The Last Dance For Me* abmischt. Als Ertrag eines einzigen Tages ist das kaum zu übertreffen, wobei die Qualität der Aufnahmen auch dadurch gewinnt, daß mit Billy Preston unverhofft ein exzellenter fünfter Musiker auf der Bildfläche erschienen ist, dessen Anwesenheit zudem die ohnehin ebenso unbeschwerte wie konzentrierte Arbeitslaune noch unterstützt. Es kommt nicht zu den geringsten Mißhelligkeiten, und vor allem John, von dem heute wie schon am Vortag die meiste Initiative ausgeht, scheint so sehr auf der Höhe zu sein, wie es das bei den Sessions dieses Monats bisher nicht gegeben hat. Der beneidenswerte Billy Preston, der nicht wissen kann, was in den vorherigen Wochen geschehen ist, muß den Eindruck gewonnen haben, die Beatles seien immer noch die fröhlichen, perfekt harmonierenden Musiker, als die er sie in Hamburg kennengelernt hat – und John sei nach wie vor Herr im Ring und hauptsächlicher Songschreiber.

Wie Rocker

Donnerstag, 23. Januar 1969, Apple-Studio

John und Ringo sind heute als erste Beatles im Studio. Allen ist klar, daß sie die verbleibende Zeit ökonomisch nutzen müssen. George Martin meint, sie sollten das bevorstehende Wochenende durcharbeiten, da sie gerade so gut in Schwung seien. John: „Ich würde nicht nein sagen." Ringo ist auch dafür, wenn sich dafür in der kommenden Woche ein definitiver Schlußpunkt setzen läßt. „Also dann der Trip nach Afrika?", witzelt Michael Lindsay-Hogg zu allgemeiner Belustigung, schlägt dann als Konzerttermin den Donnerstag vor, allerdings nur, falls man nicht draußen auftreten wolle, denn das Video-Equipment für einen Open-Air-Auftritt stehe erst eine Woche später zur Verfügung. Ein Problem sei außerdem, daß *The Long And Winding Road* und *Let It Be* noch nicht richtig geprobt worden seien – und er fragt John, ob er noch neue Songs habe. Antwort: „Mit einer anständigen Band wie jetzt, mit Billy, könnte ich *On The Road To Marrakesh* machen. Und dann zum Schluß vielleicht eine 30er-Jahre-Orchesternummer, George könnte ein bißchen Hawaii-Gitarre spielen."

Ringo setzt sich ans Klavier und spielt und singt OCTOPUS'S GARDEN (1:49). John fragt ihn, ob George ihm nicht ein Lied geschrieben habe. Ringo: „George hat eins für uns beide geschrieben: *Hey, Hey Georgie*." Zur Demonstration klimpert er schnelle Tonfolgen und singt scherzhaft: „Don't play that thing" (0:07). Glyn Johns schwärmt, er habe gerade einige Bänder im Schneideraum abgehört, sie würden ganz phantastisch klingen. Lindsay-Hogg beginnt, von Kameras zu sprechen und von Filmen und Werbespots, die den Stil von *A Hard Day's Night* kopieren. „Werbespots sind wie Pop-Platten", meint John, „man sagt alles in drei Minuten."

Paul trifft ein, und John führt ihm ansatzweise vor, wie TWO OF US (0:15) in einer Fassung von Stevie Wonder klingen würde. Das ist nicht als Witz gemeint, sie alle schätzen Stevie Wonder, und John überlegt immer noch, wie man mehr aus Pauls Song herausholen kann. Paul springt allerdings nicht darauf an, statt dessen entwickeln sich aus einzelnen Akkorden zwei relaxte Improvisationen über I'VE GOT A FEELING (2:38 / 1:24).

George ist jetzt auch da, die Probenarbeit kann beginnen. John muß allerdings seine vom Vortag angegriffene Stimme schonen. Auf Pauls

Vorschlag beginnen sie mit der Arbeit an GET BACK, womit sie sich den Großteil des Tages beschäftigen werden. Nach einer lockeren Probe des Refrains, gesungen von Paul allein, die hauptsächlich der allgemeinen Erinnerung an die seit zehn Tagen nicht mehr nennenswert gespielte Nummer dient, wird GET BACK (3:44) einmal von vorne durchgespielt, wobei sich niemand sonderlich Mühe gibt und das Stück am Ende in eine Jam-Fassung übergeht. Paul ist sich mit dem Text immer noch nicht sicher (George macht einige Detailvorschläge), hält aber an „Tuscon, Arizona" fest und erläutert, wo genau das liegt. Den nächsten Versuch bricht Paul ab, um George zu fragen, ob er eine Idee fürs Gitarrensolo habe; dann folgt ein Komplettdurchspiel von GET BACK (2:35) mit durchgehenden, etwas nervigen Gitarrenschnörkeln von George, die später wieder aufgegeben werden. Als George anfangen will, über seinen Beitrag zum Song zu sprechen, lobt ihn der heute sehr aufgeräumt wirkende John: „*I Dig A Pony* – das Solo war toll, was du darauf gespielt hast, finde ich. Hab's gerade noch mal von Band gehört."

Während John und George über die Gitarrenarbeit sprechen, improvisiert Paul mit schriller Stimme einen Rhythm'n'Blues-Song mit der Eingangszeile „If you need me" (0:30), bei dem er sich am Baß begleitet und auch Ringo mittrommelt. Dann geht Paul auf Georges Änderungsvorschläge für den aktuellen Song ein: „Der Punkt ist, ich möchte, daß es ziemlicher Rock'n'Roll ist. Das ist das einzige, was ich bei dem Song sicher spüre. Also Rock'n'Roll-Akkordwechsel." Auf eine entsprechend akzentuierte Teilfassung folgt ein noch sehr vorläufig klingendes Komplettdurchspiel von GET BACK (3:25) mit zusätzlichen gesprochenen Textfloskeln von Paul („there's a pretty woman waitin' at the corner for you, Jojo, with high-heel shoes"); die Immigrantenstrophe fehlt ganz. Paul erläutert den Text, beschreibt Jojo als Transvestiten, dann folgt ein weiteres Durchspiel, das aber zusammenbricht, weil George und Paul sich über den Gitarrenpart immer noch im unklaren sind; auffällig ist, daß sie diese Probleme betont sachlich und freundlich diskutieren. Beim nächsten Versuch fällt George eine Ähnlichkeit des Songs zu einem Four-Tops-Hit auf, und sie spielen eine Art Medley-Version aus GET BACK und REACH OUT, I'LL BE THERE (5:29+).

John probiert wiederholt ein Gitarrenriff, das ihm gefällt, unterbricht dann mehrfach seine Stimmschonung zu Gesangsduetten mit Paul in tiefer Tonlage – Paul findet, das sei nicht schlecht, so könne man es besser kontrollieren, geht dann aber doch (ohne John) wieder zur höheren Lage über. Als sie ein Weilchen als Dauerschleife den Refrain gespielt haben, unterbricht George und fragt nach der Songstruktur. Paul: „Weiß nicht recht. Es wird sich von selbst ergeben, weil's so ziemlich nach Rock'n'Roll-Formel abläuft." Sie spielen aber immer nur wieder Einzelpassagen (vor allem den Refrain, bei dem Paul und John den idealen Harmonien langsam näherkommen); einzelne Komplettversuche brechen ab. In dieser ausgedehnten Probenphase kommt Billy Preston dazu und beteiligt sich sogleich, wodurch der Gesamtklang deutlich kompakter wird. George fehlt aber infolge der Teilproben immer noch das Gefühl für den Gesamtablauf: „Wie viele Strophen und Teile hat der Song eigentlich?" Paul versucht, zu erklären: „Na ja, es fing ja als Protestsong an, aber es funktioniert eigentlich besser mit diesen beiden anderen Strophen. Der Klang des Worts ‚Pakistani' hat mir zwar sehr gefallen, aber wißt ihr – ich glaub, es funktioniert ganz gut mit nur den zwei Strophen." George will aber auch generell wissen, wie die Abfolge von Intro, Refrain und Solo aussehen soll. Paul versucht, seine Vorstellung zu erklären, und will es an einem Durchlauf demonstrieren, aber dann bleiben sie wieder beim Übergang von Refrain und Solo hängen, wo es Paul noch nicht richtig gefällt, einer der Akkorde, die George spielt, paßt ihm nicht, er möchte gern, daß es klingt wie die Akkorde in *Green Onions* von Booker T & The MG's.

Der Refrain und das Ineinandergreifen von Strophen, Refrain und Soli werden intensiv diskutiert und durchprobiert. John, der bei dieser Nummer ausnahmsweise fürs Gitarrensolo vorgesehen ist, schlägt vor, daß Billy das zweite Solo übernimmt – der Vorschlag wird sogleich umgesetzt, und das Stück nähert sich seiner endgültigen Gestalt. Inmitten ausgedehnter Proben des Refrains und der Übergänge, abbrechender Versuche und einer kurzen Jam-Fassung erfolgen zunächst nur drei Komplettproben von GET BACK (0:53+ / 2:00+ / 2:30), doch sie reichen hin, um die Gesamtstruktur endgültig festzulegen. „Ja, das ist es!", sagt Paul nach dem letzten Durchspiel. Nur ein schlüssiges Ende fehlt noch; Paul meint, man könne es einfach ausblenden. Zum Lohn der intensiven, aber fruchtbaren Probenarbeit amüsieren John und George sich mit einer kurzen Instrumentalfassung von Buddy Hollys WORDS OF LOVE (0:34), dann ist Glyn Johns aufnahmebereit, und sie spielen ihm einen Take von GET BACK (2:33) auf Band. Diese Aufnahme wird sogleich im Kontrollraum abgehört; ein bestimmter Gitarrenschnörkel gefällt Paul nicht, aber insgesamt können sie zufrieden sein und sind es auch.

Zurück bei den Instrumenten, führt George die Tremolovorrichtung seiner Gitarre vor, woraus sich eine recht eintönige gemeinschaftliche Blues-Improvisation (8:48) ergibt, die Glyn Johns für interessant genug hält, um sie mitzuschneiden, vielleicht nur, weil die Aufnahme (vor allem durch Billys jazziges E-Piano) die Beatles in einer für sie seltenen Stillage einfängt. „Zeit: 14:30", spricht John ins Kameramikro, das eigentlich für die Ansage der Klappennummern reserviert ist, und spielt das Riff aus GET BACK (0:19), doch Paul geht mit einer schönen Einlage dazwischen: rasch unterstützt von den Kumpels, legt er eine recht lebhafte Fassung von Eddie Cochrans TWENTY FLIGHT ROCK (2:10) hin, bei der er allerdings nicht viel vom Text zusammenbringt (dabei war es doch gerade die Befähigung zum textsicheren Vortrag dieses Stücks, mit der Paul John bei ihrem Kennenlernen am 6. Juli 1957 so sehr beeindruckte!). Zum ersten Mal an diesem Tag zeigt John einen Anflug von Albernheit, als er eine Zeitungsschlagzeile über „Nacktheit" deklamiert, dann ruft ausgerechnet er aber zu einer neuen Komplettprobe von GET BACK (1:05+) auf, die ein bißchen müder und lahmer als die früheren ausfällt. John mag das leicht verlangsamte Tempo. Auf Wunsch von George arbeiten sie noch wieder detailliert am Refrain und den Soli, spielen zudem zwei Komplettfassungen (2:47 / 2:10+), deren letzte von Glyn Johns mitgeschnitten wird, aber keinen weiteren Fortschritt bringt. Die Beatles scheinen immerhin zufrieden; zwischendurch kommt Paul die Idee, sie sollten sich für die Live-Show die Haare mit Pomade zurückkämmen „wie Rocker".

Daß John kurz vorher die Zeit angesagt hat, könnte als Erinnerung gemeint sein. Schon am Morgen hat er nämlich angekündigt, um 15 Uhr in einem geeigneten Raum des Apple-Gebäudes einen Film über seine Ausstellung *You Are Here* vom Vorjahr vorführen zu wollen, wozu sich auch der Galerist Robert Fraser angesagt hat. Nun ist es also soweit, und die Probenarbeit ruht ein Weilchen.

Als es weitergeht, stellt sich die Frage: womit? John zu Paul: „Okay, *Oh! Darling*. Oder willst du *Maxwell's* machen? Oder die beiden Balladen – wir haben jetzt ein Repertoire, das heavy ist, da könnten wir uns wirklich mal mit den Balladen beschäftigen." Paul bleibt aber gleich beim ersten Vorschlag, und so wird jetzt im Stop-and-Go-Verfahren ein Weilchen fast pausenlos OH! DARLING (15:09) geprobt, wobei Paul anfangs für Billy die Akkorde ansagt. Die Grundgestalt des Songs ist fertig, die repetitive Struktur ermöglicht es Paul, es als Endlosschleife durchzuspielen und den Mitspielern Gelegenheit zu bieten, währenddessen ihre Parts auszuarbeiten. Zwischendurch meint Paul, eigentlich müsse er zu dem Song auf die Klaviertasten hämmern, und John bietet an, den Baß zu übernehmen; Paul geht aber nicht darauf ein, auch Johns Versuch, *Child Of Nature* aufs Tapet zu bringen, ignoriert er. In einer kurzen Spielpause bezieht Paul sein Stück auf die Musik der 50er Jahre, fängt dann wieder an, OH! DARLING (4:01) zu singen und zu spielen, und sagt dazu: „Das ist wie ein Tribut an Otis Redding." Anschließend improvisiert er mit Ringo ein kurzes Instrumentalstück (0:30) im Stil der 50er; John kontert das mit einer Hardrock-Kurzversion von TWO OF US (0:25). Sie sind unschlüssig, was sie jetzt machen sollen. George fragt, ob sie *Across The Universe* spielen sollten; John verneint: „Das kommt schon auf einer EP raus." Er meint offenbar die Wohltätigkeitsplatte für den WWF, auf dem die 1968er Aufnahme des Songs aber erst im Dezember 1969 veröffentlicht wird; jedenfalls ist *Across The Universe* jetzt kein Thema mehr. George schlägt *Don't Let Me Down* vor, doch das will John seiner Stimme wegen nicht; statt dessen spricht er von *Gimme Some Truth* (er nennt den Song *Hypocrites*), und Paul stellt *Two Of Us* zur Debatte, aber es verfängt alles nicht.

So wird erst einmal nur richtungslos auf den Gitarren herumgeschrammelt, woraus sich ein folkiges Instrumentalstück (0:25) ergibt. Die Sicherung fliegt raus, und das Licht geht aus; Paul, der ans Klavier gegangen ist, spielt unbeirrt LET IT BE (0:59), erklärt dann dem Besucher Robert Fraser, der Amboß im Studio sei „Mals Instrument" für *Maxwell's Silver Hammer*. Glyn Johns fragt, ob Mittwoch für den Live-Auftritt definitiv feststehe, und John bejaht. Die Probenarbeit pausiert, Ringo scheint ein Weilchen rausgegangen zu sein, aber nachdem Paul eine Klavierimprovisation (1:05) gespielt hat, beginnt jemand (offenbar George) ein ebenso ausgedehntes wie stümperhaftes Schlagzeugsolo (8:19+), das Paul an einer Stelle an *Mean Mr. Mustard* erinnert, weswegen er einige Takte daraus mitklimpert; außerdem veredelt er das immer stumpfsinniger werdende Getrommel durch eine schauderhafte Gesangseinlage mit Passagen aus Chubby Checkers *Let's Twist Again*. John unterhält sich unterdes mit Yoko über Kunstprojekte. Glyn Johns unterbricht die beiden, um eine positive Nebenwirkung des Live-Spielens zu loben – beim gleichzeitigen Spielen und Singen habe man ein besseres Gefühl für den Song. John widerspricht: „Das ist nicht immer so, manchmal kann man besser singen, wenn man nicht spielt; wenn man spielt, kann man nicht ..." Paul geht mit dem diplomatischen Hinweis dazwischen, es hänge davon ab, was man unter „besser" verstehe. Johns Problem (von ihm mehrfach im Verlauf dieser Proben angedeutet) ist aber halt, daß er Schwierigkeiten hat, sich gleichzeitig aufs Spielen und aufs Singen zu konzentrieren. Paul, der immer noch am Klavier sitzt, läßt mit kurzen Einlagen aus OH! DARLING (0:25) und THE LONG AND WINDING ROAD (0:47 / 0:59) durchblicken, daß er keine Schwierigkeiten hat, gleichzeitig zu spielen und zu singen oder zu pfeifen und dabei sogar noch improvisieren kann.

Es ist jetzt kurz vor 18 Uhr, die Beatles machen Teepause, und Billy Preston unterhält sie dabei, indem er ihnen zu eigener Begleitung sechs seiner soulig-entspannten Songs vorsingt. Schon zu Ende dieser Vorstellung beginnt John, auf seiner Gitarre Akkorde zu spielen, und anschließend entwickelt er eine Art Avantgarde-Improvisation (3:01), indem er die Gitarre vor dem Mikro schwenkt (was Rückkopplungen erzeugt) und gelegentlich auf die Saiten tatscht. Anschließend sagt er zu Yoko, die aufgeregt auf ihn einspricht, er habe die Probe hoffentlich bestanden, und beginnt eine zweite, zunächst konventionellere Improvisation (10:49+) mit spanisch klingenden schnellen Akkordfolgen und „Olé"-Rufen, zu denen Billy eine flinke Klavier- und Paul eine Schlagzeugbegleitung spielt – und auch Yoko beteiligt sich, zunächst zögernd und dann zusehends penetranter, mit keifendem Gekreisch und jaulendem Geschluchze, das John mit erneuten Rückkopplungen beantwortet. Es ist das erste Mal seit dem Nachmittag von Georges Abgang am 10. Januar, daß Yoko sich musikalisch beteiligt, und auch jetzt ist George kurz vorher rausgegangen; als er wieder reinkommt, geht die Improvisation gerade zu Ende, und John ruft ihm zu: „Du hast es verpaßt – Ray Charles war hier!" John und Yoko sind extrem aufgekratzt; Paul sagt (im Scherz): „Ihr seid Spinner, alle beide." John erzählt stolz, Yoko sei nach Cambridge zu einer Aufführung eingeladen worden, da werde er sie begleiten: „Das wird toll – wie Dylan damals beim Folk Festival mit seiner elektrischen Band." Gleichzeitig macht er sich über Avantgardemusik lustig, bringt kleine Kiekser hervor und meint, dafür müsse man vierzig Jahre Musik studieren. George schlägt lachend vor, die Beatles könnten doch auch eine Avantgarde-Show machen, „wo niemand spielt, und sie kommen nur zum Schauen. Die Menschen kommen nur, um uns mit unsern Verstärkern anzuschauen." John macht den Gegenvorschlag einer Art Reality-TV-Show der Beatles, vier Kameramänner könnten bei ihnen wohnen und „alles live" filmen. Yoko gefällt das.

John hat offenbar seine alberne Viertelstunde, er singt und spielt eine Skiffle-Kurzversion von Donovans HAPPINESS RULES (0:08); als die Sicherung wieder rausfliegt, intoniert er die Zeile „It blew again" (0:06), und schließlich spielt er die Riffs aus Duane Eddys SHAZAM! (1:01), wozu Paul Gesang beisteuert. Nach einigem weiteren Gewitzel wird John aber wieder ernst: „Was wollen wir machen?" Er spielt Riffs und Akkorde, dann mit Ringos Unterstützung das Intro zu DIG A PONY (0:10), alle stimmen ihre Instrumente, Johns Stimme klingt allerdings so heiser, wie er es befürchtet hatte. Beim weiteren Stimmen der Instrumente stößt Paul einen kehligen Laut aus; John nimmt das krächzend auf, sagt „ich möchte ein Stück von Yoko Ono vorführen" und stößt hechelnd-kehlige Laute aus. Dann sagt er „nun ein Stück von den Beatles" und macht in Eulenmanier „huu-huu".

Da John, wie nicht zu überhören ist, heute kaum singen kann, hat Paul vorgeschlagen, zu dem Song zurückzukehren, mit dem sie sich schon den größten Teil des Tages beschäftigt haben, und so proben sie in der nächsten halben Stunde erneut GET BACK. Nach lockerem Einspielen soll ein Komplettdurchspiel versucht werden, das aber völlig mißrät; John hat seinen Harmoniegesang vergessen und verpfuscht das erste Solo, dann vergißt auch Paul seinen Text zur zweiten Strophe (John will ihm helfen, singt aber fälschlicherweise den Text der ersten Strophe erneut), und schließlich bricht der Versuch ab; zwei weiteren ergeht es nicht besser. Glyn Johns ist nun bereit, einen Take mitzuschneiden, aber auch der bricht ab; selbst der Versuch, von der Abbruchstelle aus zum Ende durchzuspielen, endet vorzeitig. Hauptprobleme bereiten der Refrain und Johns Solo, was insofern verständlich ist, als John heute nicht singen kann und überhaupt kein Sologitarrist ist.

George gibt schließlich zu bedenken, John entferne sich in seinen Soli zu weit vom Akkordgefüge des Songs. Paul wiederum möchte nicht, daß die beiden Gitarrensoli identisch klingen, und so fängt John an, seine Solo-einsätze separat zu üben, wobei er klagt: „Wenn ich auch noch auf jemand anderen horche, schmeißt mich das ganz raus. Ich bin doch keine achtzehn mehr!" Er führt vor, wie er damals Soli gespielt habe – einfach wie wild auf der Gitarre herumschrubben. George kramt ebenfalls in der lustigen Er-innerungskiste: „Früher auf Tour haben wir immer versehentlich die halben Songs ausgelassen!" Auch Paul fallen Anekdoten aus der Bandgeschichte ein, alle amüsieren sich prächtig, und den nächsten Take sagt er als *„Begin The Beguine*, Take 2" an (den Cole-Porter-Standard haben die Beatles 1960 in Liverpool zur Begleitung einer Striptease-Tänzerin gespielt). Tatsächlich wird es eine von Glyn Johns mitgeschnittene Komplettfassung von GET BACK (2:47), die bei aller Mühe allerdings unsauber klingt und ein noch schlechteres Gitarrensolo hat als zuvor. Drum werden Solo und Refrain nochmals für sich geübt, es wird nicht besser, aber das Amüsement nimmt noch weiter zu.

Mißlingende Proben schlagen also nicht notwendigerweise auf die Stim-mung – im Gegenteil, die Stimmung ist prächtig, nicht zuletzt der Erin-nerung an frühere Zeiten wegen. Paul singt ein paar Takte aus ihrem frühen I'LL GET YOU (0:09), von den anderen ansatzweise begleitet, und witzelt: „Ich glaub, ich krieg die Hong-Kong-Grippe!" John weiß ein Gegenmittel: „Nimm Drogen!"

Da sie im Prinzip wissen, wie ihr neuer Song gespielt werden soll, auch wenn sie's nur mühsam hinkriegen, versuchen sie eine Art Generalprobe für die Live-Show, John und Paul (der sich breitbeinig aufbaut) spielen entgegen ihrer Gewohnheit im Stehen – doch der erste Versuch, GET BACK (0:06) so zu spielen, wird von Glyn Johns unterbrochen, der der Anweisungen an den jungen Toningenieur Alan Parsons dazwischenspricht – sofort fallen John und Paul (der wie besoffen herumhampelt) mit rüden Beschimpfungen über ihn her. Die Empörung ist einerseits nur gespielt, wie an den ständigen Gackereien dieser Probenphase und am überzogen proletenhaften Tonfall zu erkennen ist (John tönt: „Wir sind verdammte Stars, weißte!", Paul pöbelt: „Fuckface!"). Andererseits grenzt es wohl wirklich an Majestätsbeleidigung, einen konzentrierten Aufnahmeversuch der Beatles zu stören. Der nächste Take von GET BACK (2:34) gelingt dafür um so besser, John verteilt überschwengliche Dankesworte, und sie entspannen sich mit einer parodistischen Teilfassung von I'VE GOT A FEELING (0:17) und grotesken Meucheleien ihrer alten Hits HELP! (0:40) und PLEASE PLEASE ME (0:20), das alles mehr oder weniger ertränkt in Gelächter. (Der in dieser spaßigen Phase entstandene gute Take von *Get Back* wird ebenso wie der Abbruch zuvor und die anschließenden Kasperfassungen von *I've Got A Feeling* und *Help!* am nächsten Tag von Glyn Johns gemixt und auf Acetatplatte gepreßt.)

Bevor sie in den Kontrollraum gehen, spielt Billy, der sich im Beatles-Repertoire offenbar auskennt, *You've Got To Hide Your Love Away* an; Paul revanchiert sich, indem er zu Billy ans E-Piano kommt und ihm LET IT BE (1:55) und THE LONG AND WINDING ROAD (0:52+) vorspielt und -singt. Dann aber geht's ans Abhören des zuletzt mitgeschnittenen Take von *Get Back*. Alle Beatles sind betont fröhlich dabei, besonders George, der schon den ganzen Tag über schüchtern in die Kamera gelächelt hat. Als sie mit dem Abhören fertig sind, will John zum Vergleich auch einen der früheren Takes hören. George macht einen Vorschlag: „Es wäre schön, einfach zwei Takes gemacht zu haben, und schon haben wir's, und das dann als Single rauszubringen. Laßt uns doch jetzt direkt eine Single draus machen!" Paul ist überrascht, aber die Idee hat etwas, und John schlägt vor, als Teil zwei eine Instrumentalfassung mit Billy auf die Rückseite zu tun. George meint, in einer halben Stunde könne man das hinkriegen: „Das wäre ein bißchen wie in den frühen Zeiten, wo wir gerade eine Single raushatten und schon mit der nächsten ankamen. Wäre ganz einfach – eben einen Take nehmen, einen Master ziehen, und morgen haben wir das Masterband schon da." Aber sie verschieben das Vorhaben dann doch auf den nächsten Tag.

John will partout nicht einfallen, was eigentlich ihre letzte Single war (es war *Hey Jude*).

Glyn Johns hat inzwischen den früheren Take laufen, sie hören ihn sich an, George strahlt wieder in die Kamera, zieht sich sogar einen Schuh aus, um ihn dem Kameramann aus der Nähe zu präsentieren. Dann wird noch einmal der Take von eben abgehört und über Details diskutiert. Paul aber will los, und so wird der lange Tag für beendet erklärt.

Wieder ist es ein Arbeitstag gewesen, dessen Fazit weitgehend positiv ausfällt. Die Arbeitshaltung war durchweg konzentriert und entspannt zugleich; die Beatles streiten sich noch nicht einmal ansatzweise, entschuldigen sich bisweilen sogar, wenn sie Fehler machen, und musikalische Fehler werden an diesem Tag viele gemacht. Alle ernsthafte Arbeit des Tages gilt *Get Back*, einem Song, mit dem sie lange große Schwierigkeiten haben, den sie am Ende aber beinahe auf Veröffentlichungsniveau bringen und den sie außerdem inzwischen als potentiellen Hit erkannt haben. Der Titel des Songs paßt zudem bestens zu Sinn und Zweck ihres derzeitigen Vorhabens, der Rückkehr zu den Wurzeln – und wenn sie an diese Wurzeln denken, sind (an diesem Tag) alle happy.

Skiffle

Freitag, 24. Januar 1969, Apple-Studio

Als erste Beatles im Studio sind heute John und George, der seine Idee vom Vortag wiederholt, kurzfristig eine Single rauszubringen. Zwischendurch spielen sie kurze Passagen aus GET BACK (1:02 / 0:07 / 0:40). John stellt außerdem Feedback-Experimente an, dudelt verschiedene Riffs, unterhält sich (vor allem mit Yoko) über diverse Kunstprojekte und frühstückt. Er hat über Wilson Pickett und dessen Version von *Hey Jude* gelesen: „Er wußte, es war für ihn geschrieben. Besonders die zweite Hälfte." George und er amüsieren sich über die Vorstellung. Ringo kommt dazu und wird schmatzend begrüßt.

Lindsay-Hogg erzählt, er habe sich heute schon mit dem Schnitt der Aufnahmen von *Yer Blues* aus dem *Rock and Roll Circus* beschäftigt: „Sieht gut aus, The Who sind jetzt nicht mehr die Abräumer." John: „Echt nicht? Du fieser Kerl." Lindsay-Hogg: „Aber die sind sehr gut, und das Hauptproblem ist jetzt, daß wir *Sympathy For The Devil* besser machen müssen als *Dirty Mac*." Da die Stones Gastgeber des *Circus* sind, sollen sie nicht schlechter wegkommen als John mit seiner Allstar-Jam. John erzählt: „Das war einfach toll, nachdem wir mit *Yer Blues* fertig waren und dieser Geiger einstieg – wir wußten gar nicht, daß Yoko singen würde, sie ging einfach mitten in dem Violinpart dazwischen und fing zu kreischen an." George belustigt die Vorstellung sehr. John schwärmt von der Improvisationsleistung beim *Circus*, und dann fällt ihm ein: „Sag mal, gestern, als Yoko, John und Paul und Billy ihr Freak-out hinlegten ..." Lindsay-Hogg: „Beatles, ja." John: „Nein nein: Billy, Yoko, John, Paul – haben die das aufgenommen? Auf Band oder nur auf Filmspur?" Lindsay-Hogg: „Auf jeden Fall auf der Filmtonspur, ich weiß nicht, ob Glyn es auch mitgeschnitten hat." John: „Könntest du das überprüfen? Ich hätte das nämlich gern als Teil unserer nächsten LP."

John spielt nochmals Instrumentalpassagen aus GET BACK (0:23 / 0:22). Lindsay-Hogg fragt: „Werdet ihr das als Single rausbringen?" John: „Erstmal werden wir versuchen müssen, es aufzunehmen." An der Nummer reizt ihn die ungewohnte Rolle als Sologitarrist; zur Illustration spielt er verlangsamt das Riff des Stones-Krachers (I CAN'T GET NO) SATISFACTION (0:27). Ringo fängt an, auf sein Schlagzeug einzudreschen, und daraus entwickelt sich (mit John an der Gitarre und George am E-Piano) eine recht simple Jam-Fassung von GET BACK (2:28). Währenddessen trifft Paul ein und greift sich den Baß; John, George und er sprechen drüber, wie sie Billy Preston als Apple-Künstler herausbringen können. Paul sieht ihn als eine Art Ray Charles; John meint: „Statt Country-&-Western-Scheiße für seine Hits spielen zu müssen wie Ray Charles, kann er was Solides machen." Paul untermalt das am Baß mit dem Riff aus WHAT'D I SAY (1:17).

Für seine Mitwirkung an den gegenwärtigen Sessions muß Billy natürlich auch bezahlt werden. John meint: „Ich hätte ihn ganz gern als fünften Beatle." Paul zögert und sagt dann: „Ich nicht, denn es ist mit vieren schon schlimm genug." Er wehrt den Vorschlag also ab, indem er zu Witzeleien Zuflucht sucht; George unterstützt ihn indirekt, indem er scherzhaft ankündigt, er werde Bob Dylan einladen, der Gruppe beizutreten. John: „Wir könnten es ‚The Beatles & Co.' nennen." Paul ist die Sache aber wichtig genug, um ausführlich zu erläutern, warum die Beatles zwar musikalische Beziehungen zu anderen Musikern unterhalten, aber niemanden fest in die Gruppe aufnehmen sollten – das sehe zu sehr nach einem wohltätigen Akt aus. Die anderen stimmen weitgehend zu. Während dieser Unterhaltung spielen Paul, John, George und schließlich auch Ringo permanent Riffs und entwickeln daraus in mehreren Schüben eine Instrumentalimprovisation (1:04 / 0:15 / 3:57 / 0:41), nudeln dann noch weitere Riffs, teils angelehnt an *Get Back*, und diskutieren schließlich, wie weit sie mit ihren neuen Nummern sind. Anläßlich einer unkoordinierten Gruppenannäherung an DON'T LET ME DOWN (1:18) erklärt John, was ihm an Georges Leslie-Effekten dabei nicht gefällt: „Wenn du sowas Kompliziertes machst, verliert sich die Kontur; ich finde, du solltest mehr auf den Punkt spielen." Dann fragt er: „Sollten wir *Get Back* machen?" Die anderen sind einverstanden, doch aus dem ersten lockeren Einspiel macht Paul eine Zwitterversion, die sich zu OB-LA-DI, OB-LA-DA (0:50) auswächst.

„Okay", sagt John und zählt den richtigen Song an. Nach einem Fehlstart spielen sie eine abbrechende und eine Komplettprobe von GET BACK (1:40 / 2:43), die allerdings beide recht zerfahren ausfallen und belegen, daß sie ohne Billy damit nicht weit kommen. Überhaupt wissen sie nicht recht, was sie ohne den Pianisten mit sich anfangen sollen. „Soldaten der Queen", murmelt John im Sprechgesang vor sich hin, und das ist der Startschuß für ein Medley aus Oldies: SOLDIER OF LOVE (1:01) von Monty Alexander (von den Beatles seinerzeit für die BBC gespielt), gefolgt von einem unauflöslichen Simultangemenge aus dem Everlys-Hit CATHY'S CLOWN, wiederum SOLDIER OF LOVE und Monty Alexanders WHERE HAVE YOU BEEN (1:52) und anschließend einem weiteren Überblendgemisch, jetzt aus LOVE IS A SWINGIN' THING von den Shirelles, Ray Charles' WHAT'D I SAY und Larry Williams' SHE SAID YEAH (1:04). Dieser Ausflug ins Musikmuseum gerät den Beatles relaxed, aber inspiriert; trotz etlicher instrumentaler und textlicher Unsauberkeiten ist es eines der hörbareren Oldies-Medleys dieser Sessions, gerade auch, weil die Beatles auf satirische Belustigungen ausnahmsweise weitgehend verzichten.

Aber was sollen sie jetzt machen? So recht weiß es niemand. John behilft sich erst einmal, indem er eine ziemlich gruselige Gruppenversion von CHILD OF NATURE (1:45) initiiert. „Wär schön, wenn du darin Hawaii-Gitarre spielen könntest", meint er zu George, doch Mal Evans weist drauf hin, daß so ein Instrument nicht kurzfristig beschafft werden kann. John fragt wieder einmal: „Okay, was sollen wir machen?" Paul nach einem Weilchen: „*Two Of Us*." John: „Soll ich immer noch mitsingen?" Also beschäftigen sie sich nun eine knappe Stunde lang mit TWO OF US. John findet ihre Methode, das Stück zu singen, zu steif (was er kurz parodistisch demonstriert) und verlangt wieder, es solle etwas leichter klingen, „wie Stevie Wonder", singt auch Passagen in dieser Weise, rudimentär unterstützt von den Kollegen. Es klingt recht schlabberig. John witzelt, wenn sie den Song zusammen singen, wirkten sie wie zwei Schwule; Paul meint, dann müßten sie „Paul & Paula" sein, und so scherzen sie noch weiter, versuchen dann ein Durchspiel in der von John gewünschten weniger straffen Vortragsweise, das aber wegen Rückkopplungen abbricht. Paul schlägt vor, es „als Rock'n'Roll-Song" zu versuchen; Johns Gegenvorschlag: „Laß es uns akustisch versuchen." So gehen die Vorschläge hin und her: George bringt ein Four-Tops-Riff ins Spiel, Paul will einen Beat wie in *Peggy Sue*. Als sie Passagen des Songs auf Akustikgitarren spielen und diese Ideen ausprobieren, kommt ihnen die Erinnerung an einen Beach-Boys-Song in die Quere, und Paul mischt einige Gesangszeilen aus YOU'RE SO GOOD TO ME (0:15) hinein. Schließlich beginnt John, vor den Akkorden der akustischen Gitarren und dem stumpfen Rhythmus der Baßtrommel entspannt zu singen (weder steif noch à la Wonder), und als Paul mitsingt, fängt das Stück an, nach etwas zu klingen. Paul meint, er möge auch Songs ohne Baß, zum Beispiel *I'll Follow The Sun* (jenes alte Stück hat aber sehr wohl einen Baß!); dann versuchen sie, die akustisch-entspannte Version einmal durchzuspielen, bleiben aber hängen, weil John nicht mehr weiß, was er beim Break machen soll, und zudem wieder Feedback auftritt.

George will wissen, welche Gitarre er spielen soll. Paul ist es egal, sofern es eine akustische ist – darauf einigen sie sich nun alle. Während sie alle auf der Suche nach dem besten Klang vor sich hinklimpern, ertönt zwischen diversen anderen Riffs zum ersten Mal das charakteristische „da-ding-da-ding du-da da-ding-da-ding", das gleich darauf als Intro des Songs installiert wird. George, der bei der Koordinierung der Gitarren die Initiative ergreift, bringt die Stimmung des Songs auf den Punkt – er scheine „so dahinzufließen". John hat diese Worte schon am 3. Januar gebraucht, allerdings eher negativ gemeint; jetzt äußert er sich positiv über das Country-Gefühl. Gemeinsam spielen sie den Song beinahe als Endlosschleife immer wieder; Paul fällt auf, daß er thematisch und textlich gut hinter *Get Back* paßt, wie auch *Don't Let Me Down* auf *Oh! Darling* zu antworten scheint. Ein Durchspielversuch bricht ab, aber dann gelingen ihnen außer Teildurchläufen zwei Komplettproben von TWO OF US (2:31 / 2:28). Sound und Tempo scheinen sehr okay, nur mit Text und Gesang haben sie gelegentlich noch Schwierigkeiten.

Glyn Johns fragt, ob er einen Take mitschneiden soll, also versuchen sie es – nach einem Fehlstart bekommen sie einen schönen Take von TWO OF US (3:19) aufs Band, komplett mit Pauls Aufforderung an John „Take it, Phil!", die deutlich macht, von wem sie ihren Harmoniegesang gelernt haben, nämlich von den Everly Brothers. (Wahrscheinlich dieser Anspielung wegen wird dieser Take und nicht einer der nachfolgenden später für *Anthology 3* ausgewählt.) Alle Zuhörer im Studio klatschen, die Beatles freuen sich, und George schlägt vor, sich die Aufnahme anzuhören. John im Scherz: „Jetzt Geigen hinzumischen, und auf geht's!" George: „Das kann auf die B-Seite." John: „Und dann nur in Italien rausbringen – laßt uns für jedes Land eine andere Single machen!" Offensichtlich reicht ein gelungener Take, um die Beatles zu euphorisieren. Mit Freudenjauchzern hören sie sich die Aufnahme an. John fängt wieder von der Hawaii-Gitarre an, von der er meint, George könne sie auch auf *Two Of Us* spielen.

Zurück bei den Instrumenten, singt Paul erst einmal zu eigener Begleitung auf der akustischen Gitarre SHE CAME IN THROUGH THE BATHROOM WINDOW (1:11), die anderen drei machen ansatzweise mit. Dann macht Paul gleich weiter und spielt zweimal komplett durch eine andere seiner Nummern, das etwas langatmige akustische TEDDY BOY (4:37 / 5:34), zunächst weitgehend solo, dann unterstützt von den Kollegen, wobei John sich von dem stumpfsinnigen Rhythmus animieren läßt, gegen Ende Tanzanweisungen wie beim Square Dance zu rufen. Glyn Johns, dem der Song offenbar gefällt, schneidet ihn mit (am Abend wird er ihn abmischen, später dann für die LP *Get Back* auswählen; Teile dieser Aufnahme erscheinen noch viel später auf *Anthology 3*). Paul stellt den Song für ihr

Live-Vorhaben zur Debatte, dudelt noch ein paar Ausschnitte daraus, einmal als Skiffle-Fassung; offenbar ist zumindest er in Stimmung für Tralala-Liedchen aus seiner Prä-Rock'n'Roll-Zeit. Während Getränke ausgeschenkt werden, klimpert er weiter auf der Gitarre, intoniert mit Säuferstimme „Singing balls to your partner, arses to the wall" aus dem Traditional THE BALL OF BALLYNOOR (0:05), dann eine englische Version von ACH DU LIEBER AUGUSTIN (0:04) mit dem Text „Balls to Mister Bangelstein" (in Anspielung auf die Fernsehsendung *Bangelstein's Boys*), spielt instrumental nochmals einen Schnipsel aus TEDDY BOY (0:10) und dann das neue Eingangsriff des Songs, der daraufhin von der kompletten Band nochmals (eher unsauber) durchgeprobt wird: TWO OF US (3:28). John beschließt den Song (wie ab jetzt immer) mit einer Pfeifeinlage, dann geht er (von Paul sofort unterstützt) zu einem uralten Gassenhauer über, MAGGIE MAE (0:56), und als Paul „Take it, Maggie!" ruft, schalten sie beide ohne Pause um auf einen unveröffentlichten skiffleartigen Lennon-McCartney-Song aus der Quarry-Men- oder frühen Beatles-Zeit, FANCY ME CHANCES WITH YOU (0:34). Es ist fast, als hockten Paul und John wieder in ihrem Jugendzimmer und amüsierten sich mit gemeinsamem Gitarrengeschrammel.

Die ausgelassene Stimmung führt zu kuriosen Einfällen, als Mal Evans die Wünsche fürs bevorstehende Mittagessen notieren will („Spatz auf Toast", „gekochte Testikel"), aber dann geben sie doch alle noch etwas weniger pikante Bestellungen auf, während Paul solo nochmals TWO OF US (0:37) anstimmt. John beantwortet das mit einer mehrmals abgebrochenen Version von POLYTHENE PAM (2:02), einem der Songs, von denen im Mai 1968 zur Vorbereitung des Weißen Albums gemeinsame Demos aufgenommen wurden. Jene Demos spielten die Beatles solo oder gemeinschaftlich auf akustischen Instrumenten in fröhlich-entspannten Sessions ähnlich der heutigen. Ganz in diesem Gestus folgt nun eine rudimentäre akustische Instrumentalimprovisation (1:20), dann eine weitere Komplettprobe von TWO OF US (3:22) und direkt im Anschluß erneut ein Schnipsel MAGGIE MAE (0:10). John meint, jetzt sei er „Phil Dylan" gewesen (also wohl eine Mischung der Folksänger Phil Ochs und Bob Dylan).

Glyn Johns will wieder aufnehmen, also spielen sie – nach zwei Fehlstarts – einen weiteren, vielleicht zu ambitionierten und deshalb etwas saftlosen Take von TWO OF US (3:20) und hinterdrein noch eine fragmentarische, dafür sehr lebendige Fassung von MAGGIE MAE (0:38) ein. (Beide Takes werden von Glyn Johns noch am selben Abend abgemischt; das Fragment von *Maggie May* findet dann Verwendung auf der LP *Get Back* und schließlich auf *Let It Be*.) Die Beatles wollen das Ergebnis überprüfen, gehen also in den Kontrollraum, wo sie sich bei dieser Gelegenheit auch den Mitschnitt von *Teddy Boy* anhören, und dann verschwinden sie, um das vorbestellte Mittagessen (nicht den Spatz und nicht die Testikel) zu vertilgen.

Als sie nach dem Essen ins Studio zurückkehren, klimpert irgendwer (es ist niemand von den Beatles, sondern möglicherweise George Martin) auf dem Klavier herum, und schließlich singt Paul dazu THE LONG AND WINDING ROAD (1:36) mit. George schnappt sich währenddessen seine akustische Gitarre und spielt und singt WINDOW, WINDOW (1:03), bricht dann aber ab, um George Martin zu fragen, ob es mit dessen Studio besser laufe als mit dem Apple-Studio. Dann macht George mit WINDOW, WINDOW (1:28) weiter, einem Song, der gut in diesen relaxten Akustiktag paßt, aber wohl nicht ernsthaft als Kandidat für die Beatles-Platte gedacht ist – ohnehin hält sich George seit seinem vorübergehenden Ausstieg mit eigenem Songmaterial sehr zurück. Jetzt unterbricht ihn John, der schwärmt, wie toll der letzte *Get-Back*-Take vom Vortag sei, den er sich gerade angehört habe: „Ich konnte es gar nicht glauben!" Also gehen sie alle in den Kontrollraum und hören sich die Aufnahme gemeinsam an.

Als sie dann wieder zu den Instrumenten gehen, schwärmt John weiter von der Aufnahme, auch von seinem eigenen zweiten Solo darauf; es ist klar, daß er jetzt nicht mehr in akustischer, sondern in elektrischer Stimmung ist. Während Paul Passagen aus TWO OF US (1:06) spielt und singt, stimmt John mit Georges Hilfe seine Slidegitarre, spielt dann dieses denkbar unpassende Instrument auf einer gemeinsamen Schrammelversion von GET BACK (1:24) und fragt, ob sie nicht an dem Song weiterproben wollen. Paul ist dagegen: „Ich bin eher dafür, noch mal *Two Of Us* zu machen." Also machen sie sich zusammen über TWO OF US (1:00) her, John an der dafür noch ungeeigneteren Slide, und gleich im Anschluß singt und spielt Paul HER MAJESTY (1:55), rudimentär begleitet von John an der Slidegitarre und schließlich auch von Ringo. Paul steht der Sinn offenbar nach leichter Kost, er traktiert die Kollegen mit einem Liedchen, das er im Vorjahr geschrieben hat und in dem er mit der Refrainzeile „There you are, Eddie" (3:40) ein Hündchen besingt, dann mit dem noch nicht ganz fertigen EVERY NIGHT (1:50) und einem noch unfertigeren Song mit der Zeile „Pillow for your head" (6:18+), in den er nochmals Zeilen aus dem „Eddie"-Song einfließen läßt. John und George bemühen sich, ansatzweise eine Begleitung zu spielen, doch im Grunde sind dies Solosongs (*Every Night* wird folgerichtig auf der Soloscheibe *McCartney* erscheinen). Als er zum Ende kommt, schlägt Paul vor, mit *Two Of Us* weiterzumachen, zieht es dann aber doch vor, eine weitere Schnulze hinzusäuseln, HOT AS SUN (1:34+). Hier kriegen John und George eine gefälligere Begleitung zustande, denn das Stück kennen sie, Paul hat es schon vor zehn Jahren geschrieben. Er ist jetzt also auf einem (allerdings betont unrockigen) Nostalgietrip und fragt John: „Wie ging noch *Looking Glass*?" John: „Keine Ahnung." Paul meint, es sei eines der ganz frühen gewesen, und die hätten eh alle gleich geklungen – er spielt die Eingangstakte aus CATSWALK (0:04+), einem Instrumental ihrer Frühphase.

Und damit wenden sie sich für die nächste halbe Stunde endlich wieder ihrem aktuellen Song zu, jetzt ohne Slidegitarren-Kinkerlitzchen. John deklamiert eine Variante auf eine der Textzeilen („smoking someone's hard-earned grass"), und nach einigen Fehlstarts und zwischen Proben einzelner Passagen (vor allem der Middle-Eight) schaffen sie zwei Komplettdurchspiele von TWO OF US (3:31 / 1:05+), die freilich zunächst ganz und gar nach müdem Lagerfeuergeschrammel klingen, als hätten die Beatles alles vergessen, was sie sich am Vormittag erarbeitet haben. Dem zweiten Durchspiel hängt Paul noch die Coda aus HELLO GOODBYE (0:16) an, aber jetzt ist nicht die Zeit für Spielereien, sie müssen sich durch Detailproben der Middle-Eight erst wieder ein Feeling für ihren Song erarbeiten. Als das geschehen ist, spielen sie Glyn Johns zwei Takes von TWO OF US (3:23 / 3:21) auf Band, und plötzlich ist der Glanz wieder da; der erste dieser Takes wird so gut, daß Glyn Johns ihn am Abend abmischt und später (zusammen mit einem Fehlstart unmittelbar zuvor) für die LP *Get Back* auswählt.

Danach ist Entspannung angesagt, auch um die Nachmittagsschläfrigkeit zu vertreiben. Paul ist immer noch auf dem Nostalgietrip und reißt sie alle in ein Skiffle-Medley, bestehend zunächst aus Lonnie Donegans DIGGIN' MY POTATOES (0:49), HEY LILEY, LILEY LO (0:10) der Vipers Skiffle Group und dem ultimativen Donegan-Skiffle-Hit ROCK ISLAND LINE (0:51). Es folgt eine lose Improvisation (1:16), dann eine verskifflete Jam-Fassung von TWO OF US (4:09) mit John an der Slide, der von Lonnie Donegan in England berühmt gemachte Spiritual MICHAEL, ROW THE BOAT ASHORE (0:57), das Schlaflied ROCK-A-BYE-BABY (0:13) und schließlich zwei Nummern von Guy Mitchell, SINGING THE BLUES (2:38) und KNEE DEEP IN THE BLUES (0:07).

Es ist nicht zu überhören, daß die Skiffle-Session den Beatles viel Spaß macht (man ahnt beim Abhören der Bänder, wie sie als Quarry Men geklungen haben könnten), aber offenbar fallen ihnen keine passenden Stücke für die Fortsetzung dieser Session ein. So beginnen sie (John weiterhin an der Slidegitarre), einen ad-hoc-Song in Schrammelmanier zu improvisieren, dessen Text hauptsächlich daraus besteht, daß John „Can you dig it?" grölt und Paul mehr oder weniger originell drauf zu antworten versucht. Viermal wird dieses Experiment DIG IT (3:07 / 0:14 / 4:04 / 4:52) abgespult, zwischendurch sagt Paul seinen Kumpel als „Bluesmann Blind Lame Lennon aus dem Herzen Chicagos" an, und John, der das alles einen „netten Trip" findet, revanchiert sich nach dem letzten Durchgang mit der Absage: „Das war *Can You Dig It* von Georgie Wood, und nun möchten wir *Hark, The Angels Come* vortragen!" Glyn Johns hat das alles mitgeschnitten und wird den Schlußdurchgang samt der Absage für die LP *Get Back* auswählen; auf *Let It Be* ist dann ebenfalls die Absage zu hören, allerdings mit einem späteren Take zusammengeschnitten.

Während dieser schrägen Darbietung ist Billy Preston endlich eingetroffen und hat mitgemacht, jetzt ist also der Zeitpunkt gekommen, die Proben zu fünft vom Vortag fortzusetzen, und sie stimmen ihre Instrumente, die das bitter nötig haben. Beim ersten Versuch, GET BACK (1:34) zu spielen, benutzt John noch die Slidegitarre, von der er Glyn Johns schon vorhin gesagt hat, er wolle sie nicht auf der Aufnahme spielen – es ist also jetzt kein ernsthafter Versuch und zerläuft sich schnell zu einer instrumentalen Jam-Fassung. „Okay", sagt Paul, sie brechen ab und bringen sich nun richtig in Position. Paul bei dieser Gelegenheit zu Billy: „Dich hat noch keiner gefragt, ob es dich stört, jeden Tag zu kommen." Billy hat nichts dagegen – vielleicht hört er auch eine kleine Rüge Pauls heraus, weil er jetzt erst aufgetaucht ist, Paul stellt aber klar, er habe sich nur vergewissern wollen, daß Billy auch mit allem einverstanden sei.

Nachdem Paul noch ein wenig die Songzeile „Here you are, Eddie" (0:17) geträllert hat und alle bereit sind, beschäftigen sie sich für etwa zwanzig Minuten mehr oder weniger intensiv mit dem Song, den sie eigentlich heute hätten perfektionieren wollen. Nach ein paar Riffs zum Aufwärmen legen sie eine Komplettversion von GET BACK (2:55) hin, die allerdings recht schauderlich klingt; John vermurkst sein Solo vollständig, und auch die anderen scheinen außer Form, und zu allem Überfluß gibt es Probleme mit den Mikrophonen. Als Mikroprobe initiiert Paul eine Schnellversion von GET BACK (2:18) in verdoppeltem Tempo mit allerlei satirischen Einlagen und einem einmontierten Medley aus Passagen von Screamin' Jay Hawkins' *Little Devil* und den Chuck-Berry-Songs *Maybelline, You Can't Catch Me* und *Brown-Eyed Handsome Man.* Zur Probe des neuen Mikros beginnt John eine engagierte Version von Larry Williams' SHORT FAT FANNIE (1:23), die von George und Paul pfeifend zu Ende gebracht wird. Nun geht's zurück zu ihrem Song, und nach einer kleinen parodistischen Textprobe von John gelingt ihnen die nächste Komplettprobe von GET BACK (4:11) schon besser; John und Billy spielen ordentliche Soli, nur Paul ist diesmal nicht richtig bei der Sache. Glyn Johns möchte, daß er den anderen Baß nimmt (schon in den letzten Tagen hat er mehrmals durchblicken lassen, daß ihm der Baßklang nicht behagt); während Paul das Instrument wechselt, spielen die anderen das Riff aus Booker T.s GREEN ONIONS (0:09) und nudeln gelangweilt ein bißchen herum. Dann folgt der nächste Take von GET BACK (3:20), bei dem nun aber John wieder sein Solo verhaut. Außerdem gefällt Paul der (wummerndere) Baß, den er jetzt spielt, nicht: „Das Problem ist, die Saiten rutschen weg, weil's ein Linkshänderbaß ist und der Knoten für Rechtshänder ist."

Irgendwie ist die Luft raus, keiner von ihnen scheint noch richtig Lust auf die Fortsetzung der Proben zu haben. John initiiert zur Ablenkung eine recht kompakte Gruppenversion von Larry Williams' BAD BOY (3:16), einem Song, den die Beatles vier Jahre zuvor aufgenommen haben, und da Paul immer noch mit seinem Baß beschäftigt ist, macht John (unterstützt von Ringo und Billy) gleich weiter mit den Chuck-Berry-Klassikern SWEET LITTLE SIXTEEN (1:47), AROUND AND AROUND (1:07), ALMOST GROWN (1:48) und SCHOOL DAY (1:34), wobei rasch die komplette Band mit einsteigt, am Ende auch Paul. Diese Versionen gehören zu den besseren Oldies-Fassungen dieser Sessions.

Paul hat sein Baßproblem gelöst, dafür aber ein anderes: „Wir sind schon richtig ausgehungert. Aber laßt uns noch einmal *Get Back* machen, damit wir das Gefühl haben, wir haben auch gearbeitet." Aber dann muß er seinen Baß doch noch wieder mit Glyn Johns abstimmen, und diese Verzögerung nutzt John (und dann sogleich die restliche Band) zu einem weiteren Oldies-Medley, diesmal bestehend aus Ben E. Kings STAND BY ME (2:11) und Arthur Alexanders WHERE HAVE YOU BEEN (0:26). Paul karikiert die Art und Weise, wie Ben E. King das Wort „darling" ausspricht, und sogleich kontert John mit einer Zeile aus LADY MADONNA (0:05) in der Manier von Fats Domino, weil der auf seiner Version das „see how they run" ähnlich artikuliert. Paul reagiert darauf wiederum mit einer Karikatur der Fats-Domino-Version von LOVELY RITA (0:09). Unter diesen Umständen ist es fast schon unvermeidlich, daß die folgende aus zwei kombinierten Durchläufen bestehende Doppelfassung von GET BACK (6:08) gesanglich ein bißchen spaßig ausfällt, instrumental hingegen läuft es bestens – sie haben die Sicherheit des Vortags bei diesem Song wiedergefunden und können entsprechend guter Dinge sein. „Go home, get back", singt Paul am Ende mit engagierter Stimme, und das meint er wörtlich, wie er gleich anschließend sagt: „Sieben Uhr, weißt du, John, ich mach jetzt die Biege."

John aber ist immer noch in Spiellaune, er spielt eine weitgehend instrumentale Version des Beach-Boys-Songs LONELY SEA (1:39), dann ein fetziges Instrumentalstück unbekannter Provenienz (1:14), einzelne Riffs aus *I've Got A Feeling*, *Get Back* und *All Things Must Pass*, eine schnelle heavy-Version von Duane Eddys RAMROD (0:50), schließlich mit großen Schwierigkeiten das Eingangsriff aus I FEEL FINE (0:49) – und dann war's das auch für ihn.

Wieder ist ein Tag zu Ende, dessen Fazit recht positiv ausfällt. Die Stimmung zwischen den vier Beatles ist heute harmonischer und ausgeglichener denn je, weder streiten sie sich, noch ergehen sie sich in übertriebenen Albernheiten. Die unbeschwerte Leichtigkeit mag auch ein wenig damit zu tun haben, daß sie den Großteil des Tages mit akustischen Gitarren hantieren und dabei den einzigen Song, den sie ernsthaft als akustischen Gitarrensong begreifen, auf ein veröffentlichbares Niveau bringen (tatsächlich werden zwei der Takes, die sie an diesem Tag zustandebringen, später für Platten ausgewählt). Nicht vergessen werden sollte dabei allerdings, daß sie sich hiermit von ihrem eigentlichen Vorhaben, ordentliche Rockstücke zu produzieren, weit entfernt haben; mit *Get Back*, dem Stück, das sie heute hatten perfektionieren wollen, sind sie nicht weitergekommen. Am Abend scheint Paul das aufzufallen, doch er macht sich nicht viel draus, zumal er den Verlauf des Tages (wiewohl auf unaufdringliche Weise und unter tätiger Mitwirkung durch John und George) bestimmt hat. Vielleicht der gelösten Stimmung wegen fallen die Oldie-Einlagen heute viel hörbarer aus als zuvor; das muß den Beatles selbst zu diesem Zeitpunkt unwichtig vorkommen, doch Glyn Johns scheint ein Faible für diese Einlagen (und überhaupt eher für eine inspirierte Vortragsweise als für technische Perfektion) zu haben und wird neben *Two Of Us* auch die heute mitgeschnittenen Takes von *Teddy Boy*, *Maggie Mae* und *Dig It* (drei Leichtgewichte, die von den Beatles vornehmlich zur eigenen Belustigung gespielt wurden) für die LP *Get Back* auswählen – insofern war es also, auch wenn das von den Beteiligten niemand so wahrnehmen kann, sogar ein ertragreicher Tag.

Four of us

Sonnabend, 25. Januar 1969, Apple-Studio

Glyn Johns hat die halbe Nacht durchgearbeitet, und sowie die Beatles alle da sind (Billy kommt heute gar nicht), spielt er ihnen das Ergebnis vor: *Get Back* und Schnipsel aus *I've Got A Feeling* und *Help!* (Aufnahmen vom 23. Januar); *Teddy Boy* und *Two Of Us* (vom 24.); *Dig A Pony* und *I've Got A Feeling* (vom 22.). Die Beatles sind sehr zufrieden mit den Aufnahmen, wenn auch vielleicht nicht ganz so enthusiastisch wie Glyn Johns, der meint, sie sollten samt Dialogfetzen, Gelächter und Fehlstarts ohne weitere Bearbeitung sofort veröffentlicht werden.

Während sie ins Studio gehen, schildert George die Probleme, sich einen klobigen Moog-Synthesizer anliefern zu lassen. John spielt Gitarrenriffs, woraus sich eine lockere Improvisation (1:01), dann (unter Beteiligung Ringos) eine Jam-Fassung von I'VE GOT A FEELING (1:29) entwickelt. Nach einer weiteren Gitarre-Schlagzeug-Improvisation (1:13) und einem ebenfalls von John und Ringo gespielten Blues (0:17) fragt Paul: „Sollen wir die Middle-Eight von *Two Of Us* machen?" Da niemand etwas sagt, antwortet Paul sich selbst: „Ja." John spielt aber erst einmal perlende Gitarrenakkorde (0:54) in der Art von *Julia,* initiiert dann eine kurze gemeinschaftliche Rock'n'Roll-Jam (0:26), auf die Paul an der Akustikgitarre mit ANOTHER DAY (0:39) antwortet. Die Instrumente werden gestimmt, dann spielen sie im Stop-and-Go-Verfahren ein ganzes Weilchen Passagen aus TWO OF US (20:37), vor allem die Middle-Eight, die Paul gerne noch weiter ausfeilen möchte. Entweder aus Überdruß oder aber, um diesen zu verhindern, singen sie den Text immer mal wieder in verstellten Stimmen, falscher Tonlage, à la Dylan oder in diversen Dialekten. Trotz (oder vielleicht auch wegen) dieser ablenkenden Albernheiten wird das Zusammenspiel zusehends kompakter und inspirierter. Als die Probe ausfasert, erwähnt Paul, er habe die Filmaufnahmen von ihrem Ausflug zum Maharishi nach Indien zusammengeschnitten. John und er lästern, es sei wie ein dämlicher Schulausflug gewesen; George aber (der währenddessen immer wieder Fragmente eines unidentifizierten Gitarrenstücks im Neil-Young-Stil spielt) versucht, die Episode durch den Vorschlag zu verteidigen, sie sollten sich öfter auf diese Weise zurückziehen, um dem permanenten Starrummel etwas entgegensetzen und zu sich selbst finden zu können. Paul ist skeptisch, und John kommentiert den Vorschlag durch Satirisierung, indem er eine gemeinschaftliche Kurzdarbietung von ACT NATURALLY (0:12) initiiert.

Die Stop-and-Go-Arbeit an der Middle-Eight von TWO OF US (10:58) wird fortgesetzt, wobei sie jetzt vornehmlich am Harmoniegesang arbeiten, mit dem sie aber nicht weiterkommen. Paul meint, ohne Billy könnten sie an den anderen Stücken auch nicht ernsthaft weitermachen. George scheint desorientiert, wie es überhaupt weitergehen soll: „Sieht es so aus, daß wir alle Nummern bis Dienstag aufnehmen, wenn Glyn abreist?" John: „Ich würde sagen, wir versuchen sie alle für die Show am Mittwoch auf die Reihe zu kriegen und dann da aufzunehmen." Glyn korrigiert, er fahre erst am Donnerstag in Flitterwochen. George: „Also versuchen wir, alles am Mittwochabend in der Show aufzunehmen?" John: „Sagen wir mal, wir schaffen acht oder neun – dann müssen wir anschließend hierher zurückkommen, bis wir vierzehn Songs im Kasten haben." Glyn Johns sieht allerdings Schwierigkeiten, eine große Anzahl Songs in einer einzigen Show aufzunehmen, weil er für jeden einzelnen die Aussteuerung vorher genau durchprobieren müsse – hier im Studio gehe das, aber nicht bei einem unvorbereiteten Live-Auftritt. John: „Aber vorausgesetzt, daß wir diese LP sowieso als ein durchgängiges Ganzes vor laufender Kamera aufnehmen wollen – was wir vorhatten, war eine LP, die nie abbricht ..." Glyn Johns ist skeptisch. John: „Dann versuchen wir es am Mittwoch, und wenn wir da nicht alles hinkriegen, machen wir den Rest am Donnerstag." Vor Publikum will er im Stehen spielen, sieht aber wenig Sinn drin, hier im Studio für die Aufnahmen aufzustehen.

John, der zu Beginn dieser Sessions eher lethargisch war, scheint nun, wo es dem Ende entgegengeht, die Initiative ergreifen zu wollen; während er Riffs aus *I've Got A Feeling* nudelt, überlegt er laut, ob sie nicht zwei Sets spielen sollten, einen akustischen und einen elektrischen. Paul diskutiert mit Lindsay-Hogg Beleuchtungsprobleme, und John und George amüsieren sich unterdes kurz mit dem Lovin'-Spoonful-Song NASHVILLE CATS (0:31). Aber auch in die Beleuchtungsdiskussion schaltet John sich ein – ihm mißfallen farbige Scheinwerfer, wie Paul möchte er die Beatles auch auf der Bühne einfach nur hell ausgeleuchtet haben. Paul und Lindsay-Hogg streiten sich über das Filmmaterial; Michael behauptet, das von Paul gewünschte Video-Equipment sei nicht beschaffbar, was Paul bezweifelt. George spielt und singt währenddessen ON THE ROAD AGAIN (1:45), dann schaltet er sich mit dem Vorschlag ein, man könne doch einfach das 16-Millimeter-Filmmaterial auf 35 Millimeter vergrößern. Paul hält das nicht für machbar: „Wenn wir einen Kinofilm machen, sollte er in 70 Millimeter gedreht werden.

Wir sollten die beste Qualität anstreben." John entgegnet, bei seinen Kunstfilmen *Smile* und *Two Virgins* habe er mit der Vergrößerungstechnik gute Ergebnisse erzielt, doch Paul macht klar, daß ihm solches Underground-Niveau für ihr Vorhaben nicht professionell genug ist. Hintergrund dieser Diskussion ist ein am Vortag in der Mittagspause gefällter Beschluß, ihren Film nicht fürs Fernsehen, sondern als Kinofilm herzustellen und so gleichzeitig ihre vertraglichen Verpflichtungen gegenüber United Artists zu erfüllen.

John teilt seine ungewohnt realistische Einsicht mit, daß die Idee der „Riesenshow", mit der die Filmdokumentation eigentlich enden sollte, tot sei; Paul fragt stotternd, wie denn dann ihr Film enden könne, und bringt die Situation mit der derzeitigen Lage von Apple in Verbindung: „Was stimmt da bloß nicht?" John: „Zu viele Beatles!" Lindsay-Hogg meint, dann werde es eben eine Dokumentation über die Entstehung einer neuen Platte. John: „Die ursprüngliche Idee war eine Live-Show; dann eine Show plus Dokumentation; und dann hat sich die Show in Luft aufgelöst." Paul klingt ein bißchen gereizt, als er schließlich sagt: „Ich habe einfach so das Gefühl ... – es ist schon in Ordnung, dann machen wir halt nur wieder eine Platte, aber ursprünglich wollte ich die neuen Songs in einen veränderten Rahmen stellen, mal etwas anderes damit anstellen, um uns zu stimulieren." John: „Aber das ist genau die Geschichte mit der großen Sache – keiner von uns will wirklich auf der Bühne stehen oder eine TV-Show machen. Das ist der Punkt – keiner will raus. Und wenn du da raus willst, mußt du dir halt jemanden suchen, der das mitmacht." George, der die ganze Zeit Riffs aus einer nicht zu identifizierenden Nummer gespielt und am Ende auch dazu gesungen hat, mischt sich nun ein, indem er beklagt, wieviel Zeit sie mit ihrem ungeliebten Projekt verschwendet hätten: „Wir hätten die Nummern lieber besser ausarbeiten und richtig gute Aufnahmen draus machen sollen." Als John zu antworten beginnt, flüchtet George sich schon wieder in seine Gitarrenakkorde. John äußert Verständnis für Pauls Probleme: „Es hat sich alles zu etwas anderem entwickelt, als was Paul wollte. Es war ursprünglich sein Ding, aber dann ist ein Kompromiß draus geworden und schließlich eher das, was wir wollten. Das ist alles." Paul: „Ja; und das ist schon in Ordnung." John: „Das ist schon in Ordnung, aber ich meine, das ist das, was dir in Wahrheit auf den Zeiger geht, du hast das mit der Bühnennummer nicht durchgekriegt." Paul: „Das ist doch ulkig, wenn man sich klarmacht, sobald das hier vorbei ist, steckst du irgendwo in einem schwarzen Sack – in der Albert Hall, weißt du, und machst 'ne Live-Show!"

Das können John und Yoko nicht auf sich sitzen lassen. Yoko will antworten, aber John drängt sich vor: „Ich fänd's toll, auf der Bühne zu spielen, weißt du, wenn alles in Ordnung wäre und kein Rumgemache und wir einfach auf der Bühne wären. Darum hab ich mich zur TV-Show bereiterklärt. Ich spiele gern, und darum mach ich Sachen mit, ich meine, wenn wir das alle wollen." Paul: „Ja, ich weiß, so sieht's nicht aus, es ist bloß wie ein Mehrheitsentscheid." John: „Ich will nicht wieder sozusagen auf Tour gehen." Paul: „Ich hab so ein Gefühl, als wären wir auf Tour. Wir sind auf Tour, nur eben im Studio. Wir kleben an der immergleichen Umgebung. Wir versuchen nie, auszubrechen." John: „Doch, tun wir!" George: „Dann bricht man aus dem einen aus und gerät in was anderes und will da auch wieder ausbrechen!" Aber George beeilt sich auch, Wasser statt Öl ins Feuer zu gießen: „Das hier ist der netteste Ort, wo ich seit langem gewesen bin, dies Studio. Wir spielen hier mehr, als wir je gespielt haben, jeden Tag, und mir geht's gut dabei, und es ist ein Gefühl, daß man loslassen kann. Wenn wir auf Tour gehen, geraten wir wieder irgendwo rein. Ich möchte wirklich einfach spielen, und das kann man besser, wenn nicht noch andere Sachen dazukommen. Das hier ist jetzt gar nicht so schlecht; wäre natürlich noch einfacher ohne die ganzen Mikros und Kameras." Und mit diesen für seine Verhältnisse recht optimistischen Worten geht George wieder dazu über, ein unidentifiziertes Stück (1:01) zu spielen, das sehr nach einer Eigenkomposition oder -improvisation klingt.

„Es läuft jetzt eigentlich ganz gut", gibt Paul zu, und auch Yoko pflichtet bei: „Vielleicht sieht nächste Woche alles noch viel besser aus." Paul: „Alles, was ich will, ist, daß ich Spaß dabei hab, und nicht, daß unbedingt alles so läuft, wie ich es anfangs plante." George greift die Formulierung sofort auf und spielt und singt Dylans ALL I REALLY WANT TO DO (0:48). Das Gespräch wendet sich wieder Fragen der technischen Ausrüstung zu; George und John spielen einzelne Riffs und Akkordfolgen, und schließlich entwickelt sich daraus eine von John geführte und gesungene, schroff fetzende Heavy-Rock-Version von I LOST MY LITTLE GIRL (9:12), angeblich dem frühesten Song, den Paul je geschrieben hat, allerdings hier dargeboten mit Textpassagen („the police had taken her away due to her inconvenience, something to do about interstate nude"), die sicherlich spontan von John eingefügt werden.

Auf Pauls Anregung folgt eine passable Komplettprobe von TWO OF US (3:36). Paul will von Glyn Johns wissen: „Wie war die Middle-Eight?" Der fand sie gut, aber Paul ist aus irgendeinem Grund unzufrieden, vor allem mit dem Harmoniegesang, und so wird eine halbe Stunde konzentriert an dem Song, der eigentlich am Vortag schon hinreichend perfektioniert wurde, weitergeprobt. Neben diversen Detailversuchen und Fehlanläufen entsteht ein weiteres ordentliches Komplettdurchspiel von TWO OF US (3:22), das auf Johns Bitte mitgeschnitten wird, aber gesanglich unsauber gerät. Auf weitere Teilproben folgt ein von Paul und John sehr animiert vorgetragenes Duett des Everlys-Hits BYE BYE LOVE (0:49) und ein von John als „Four of us" angesagter fast perfekter Take von TWO OF US (3:40). George, der sich noch eben mit William Bells EVERYBODY LOVES A WINNER (1:14) amüsiert, schlägt vor, die Bänder abzuhören, also gehen sie in den Kontrollraum.

Als erstes präsentiert Glyn Johns ihnen zweimal den letzten Take von *Two Of Us*, der allen ausnehmend gut gefällt. George bittet Glyn Johns, noch einmal die Bänder abzuspielen, die sie schon am Morgen gehört haben, und als das geschehen ist, erklärt er schwärmerisch, die Bänder hörten sich an, als seien das gar nicht die Beatles, die da spielten, sondern eine andere Band – das ist als Kompliment gemeint. In bester Stimmung ziehen sie alle zum Mittagessen los (John hat sich für die Pause noch auf eine Stunde mit einem unbekannten Gesprächspartner verabredet).

Nach der Pause kehren die Beatles zu einem Song zurück, den sie vor über zwei Wochen zuletzt geprobt haben, und es ist endlich wieder ein Stück von George – weit über zwei Stunden beschäftigen sie sich jetzt ausschließlich mit FOR YOU BLUE. Nachdem George und John (der dafür sogar Yoko ignoriert, die auf ihn einredet) ihre Instrumente gestimmt haben, beginnt George das Riff zu spielen, und John versucht, dazu eine Begleitung zu entwickeln – und zwar seltsamerweise im Hawaii-Stil auf einer akustischen Slide-Gitarre, was zunächst gar nicht einmal schlecht klingt. Bei einem ersten Komplettdurchspiel von FOR YOU BLUE (2:22) steigt Ringo mit dem Tamburin ein; dann folgen Teilversuche, bei denen Paul Klavier spielt, was jedoch zunächst nicht sonderlich paßt, und auch Johns Slide-Spiel wird tendenziell immer schlechter. George möchte gern im Stehen spielen und prökelt ein Weilchen an seinen Mikros herum, während die Kollegen instrumental weiterspielen. Als Endlosschleife mit gelegentlichen Stop-and-Go-Verzögerungen setzt sich die Probe fort. George wünscht sich von John ein 12-Takt-Solo, doch John erklärt, komplizierte Dinge könne er nicht spielen (sein Slide-Spiel unterstreicht diese Aussage durchaus).

Nachdem sie schon fast eine halbe Stunde fast ohne Pause drauflosgespielt haben, erklärt George seinen Kollegen jetzt endlich, wie überhaupt die Struktur des Stücks aussieht und an welchen Stellen Breaks kommen sollen. Nachdem das geklärt ist, wird FOR YOU BLUE (2:01) einmal komplett versucht; George singt sehr gut, doch Johns Slide bleibt murksig. George erklärt, was er sich bei dem Song gedacht hat: „Wißt ihr, das ist wie bei diesen alten Dingern, wo der Typ mit der Gitarre so ins Studio kommt und sie einfach mehrere Takes hintereinander drauflosspielen, wie's ihnen in den Sinn kommt. Da ist nichts Professionelles dabei. Für mich ist dies Ding von den alten Typen beeinflußt, bei denen gar nichts professionell war. Also wirklich sowas wie ein ‚One Take Wonder‘." Und so will George den ersten Take von FOR YOU BLUE (2:16) verstanden wissen, der jetzt entsteht – eine lockere, halbwegs hörbare Darbietung (sie wird Jahrzehnte später auf *Anthology 3* veröffentlicht). Die nächste Probe wird von Glyn Johns unterbrochen, weil er nicht aufnahmebereit ist; George nutzt die Gelegenheit, sich von Paul ein Boogie-Woogie-Solo zu wünschen, doch dazu sieht sich Paul nicht imstande. Es folgt nach mehreren Fehlstarts Take 2 von FOR YOU BLUE (2:26), bei dem aber John und Paul ihre Soli verhauen. Das Klavier gefällt George einfach nicht, und er fragt Glyn Johns nach einer Idee, wie man erreichen könne, daß es wie ein Honky-Tonk-Piano klinge.

Im Kontrollraum werden die beiden Takes abgehört und kurz alternative Instrumentierungen diskutiert. John meint, sie sollten es alles in Mono zusammenmischen, und George erwähnt nochmals, wie schön es wäre, den Song ohne große Proben schnell einzuspielen – aber dieser Punkt ist schon vorbei. So spielen sie erst einmal wieder eine ganze Weile im Stop-and-Go-Verfahren instrumental an dem Stück herum, Paul nun am Klavier in einer höheren Tonlage, was tatsächlich besser paßt. Schließlich wird auf Anweisung Johns ein dritter Take von FOR YOU BLUE (2:42) mitgeschnitten, der zwar unbrauchbar ist, weil George fälschlich über Pauls Klaviersolo singt, doch das Stück beginnt unüberhörbar zu leben. Zwischen Fehlstarts und Teilversuchen entstehen zwei weitere Takes von FOR YOU BLUE (2:28 / 3:11); George mag den Klang des ersten; für den zweiten wird Papier ins Klavier getan, um den Klang zu dämpfen.

John braucht offenbar Abwechslung, er spielt und singt eine kurze Blues-Improvisation (0:33), die er als *„Sorry I Left You Bleeding*, take one" ansagt. Dann ist er wie die anderen bereit zu Takes 6, 7 und 8 von FOR YOU BLUE (2:27 / 2:22 / 2:27). Gut die Hälfte von Take 6 wird im Film *Let It Be* verwendet, doch eindeutig der beste ist Take 7, den Glyn Johns später abmischt und für die unveröffentlichte LP *Get Back* auswählt (auf die LP *Let It Be* kommt er ebenfalls, allerdings mit neu hinzugemischter Gesangsspur). Die Beatles hören beide Takes im Kontrollraum ab, befinden Take 7 für nahezu perfekt, spielen anschließend aber (neben Teil- und abbrechenden Versuchen) auch noch die vollständigen Takes 9, 11 und 12 (2:27 / 2:28 / 2:30) ein, und zwar vor allem, damit Lindsay-Hogg mehr

Filmaufnahmen zur Auswahl hat (Teile von Take 9 werden dann tatsächlich in den Film *Let It Be* einmontiert). George Martin ist der Meinung, Take 12 sei der „polierteste" von allen, doch beim mehrmaligen vergleichenden Abhören im Kontrollraum halten alle anderen an Take 7 fest – George findet: „Der hat Feeling!" George Martins Vorschlag, aus beiden Takes die besten Passagen zusammenzuschneiden (ein krasser Verstoß gegen ihr Live-Prinzip), wird ignoriert. Auffällig bei der Diskussion über die verschiedenen Takes ist, wie aufgeschlossen, interessiert und betont freundlich John und Paul sich einbringen. George, offensichtlich befriedigt über das, was mit seinem Song erreicht wurde, trällert zwei Zeilen aus dem Folksong TAKE THIS HAMMER (0:08), dann wird nochmals Take 7 abgehört, und zum Abschluß der Arbeit an Georges Song gönnen sich die Beatles noch eine kurze, sehr bluesige Jam-Fassung von FOR YOU BLUE (0:53).

George fragt Paul, ob sie jetzt nicht mit *Let It Be* weitermachen sollten, dem Stück, das sie (wie *For You Blue*) am 9. Januar zuletzt geprobt haben. Paul ist einverstanden, obwohl Billy, der eigentlich mitspielen soll, nicht da ist: „Ich hab's ihm schon vorgespielt, er wird sich dann schnell reinfinden." John fragt: „Haben wir's schon geprobt? Ich erinnere mich nicht, es gespielt zu haben, und wenn ja, welches Instrument." Dann fügt er noch lachend an: „Ich werde in dieser Gruppe sowas wie Brian Jones, wißt ihr!" Paul spielt erst einmal das Intro, dann schnappt sich John den Baß und handhabt ihn so stümperhaft, daß die anschließende Komplettprobe von LET IT BE (2:15+) absolut grauenhaft klingt. Es ist überdeutlich, daß das Stück noch eine Menge Probenarbeit braucht, und so wird der Rest des Arbeitstages – etwa zwei Stunden – fast ausschließlich darauf verwandt. Zunächst wird es eine halbe Stunde lang als Endlosschleife fast ohne Pausen durchgespielt, wobei es langsam ein bißchen erträglicher wird. Ringos anfänglich übertrieben relaxte Beteiligung trägt dazu bei, daß der Song schläfriger als nötig klingt, drum schlägt Paul, nachdem er die Akkorde angesagt hat, einige Veränderungen am Trommelspiel vor, außerdem wünscht er sich Background-Gesang. Selbst Yoko hat einen Moment lang mitgesungen, und John probiert einen Falsettgesang. George fragt: „Spielen wir's so, wie wir's in Twickenham geprobt haben?" Paul: „Weiß nicht – kann mich nicht mehr erinnern, wie das war."

Ein Komplettdurchgang durch LET IT BE (2:33) läßt die Struktur des Songs erkennen, doch dann folgen weitere zerfasernde Stop-and-Go-Versuche. Zur Entspannung improvisiert Paul einen Songschnipsel über „Crazy Feet" (0:25) und eine verträumte Pianoversion von PLEASE PLEASE ME (0:32), bevor sei einen ersten richtigen Take von LET IT BE

(1:15+) aufnehmen, gefolgt von weiteren Teilversuchen. Für den Moment ist die Luft raus, sie machen eine kurze Teepause, nur John spielt für sich Riffs und Akkorde, woraus sich eine Instrumentalimprovisation (4:20) ähnlich derjenigen vom Vormittag entwickelt, und dann sein unveröffentlichtes MEAN MR. MUSTARD (2:03). Während Paul und Ringo noch mit Plaudereien beschäftigt sind, vertreiben John und George sich die Zeit mit einer Duofassung von LET IT BE (7:29), sehr engagiert gesungen von John. Als der sich ausklinkt, macht George allein weiter – er singt zu eigener Begleitung TRACKS OF MY TEARS (3:44) von Smokey Robinson, dann mit Ringos Unterstützung PIECE OF MY HEART (0:29) von Janis Joplin, LITTLE YELLOW PILLS (1:47) von Jackie Lomax und schließlich Bobby Darins EARLY IN THE MORNING (0:14). Währenddessen hat Paul schon wieder angefangen, seinen eigenen Song zu spielen und auch zu singen, wohl um die anderen zur Arbeit zu rufen, also versuchen sie mit einem Komplettdurchspiel von LET IT BE (0:59+) wieder ernsthaft zu werden. John mißlingt das allerdings, er kriegt offenbar langsam den Überdruß und warnt Paul scherzhaft: „Du hast noch fünf Minuten, bevor ich mit Boogie-Woogie anfange." Paul antwortet darauf mit einer verlangsamten, textlich verwitzelten Version von LET IT BE (4:01), an der sich die Kollegen nur zögernd beteiligen; John agiert offen parodistisch und meint am Ende: „Bloody Mary comes to me!"

George flüchtet sich in seinen Song WINDOW, WINDOW (1:30), bald trommelt Ringo mit, und dann beteiligt sich auch Paul, allerdings mit albern überzogenen Gesangseinlagen, die vermuten lassen, daß bei der Teepause vorhin noch andere Dinge eingenommen wurden. „Okay, ihr Glotzer, wir müssen jetzt wieder ran; auf geht's, Jungs, reißt euch zusammen", proklamiert Paul. John fragt: „Sprichst du mit mir?" George setzt diese Frage um in eine weitere Darbietung von Chuck Berrys I'M TALKING ABOUT YOU (0:47), an der sich vor allem John beherzt beteiligt. Paul unterbricht sie: „Los jetzt – zurück zur Schinderei!" John antwortet mit einem spaßig überzogenen Ausbruch, bei dem schwer zu entscheiden ist, wieviel Ernst dahinter steckt: „Du bist der, der's dazu macht; du bist der, der's scheiß dazu macht!" Paul: „Die wahre Bedeutung von Weihnachten!" So raffen sie sich zu einem Probenversuch von LET IT BE (1:12) auf, der vorzeitig abbricht. Paul albert herum, John droht ebenso albern, ihn bei Apple rauszuwerfen; in dieser Stimmung wird der nächste Versuch ein Fehlstart, und Paul lockert sich die Finger mit zwei Instrumentalimprovisationen (0:16 / 0:10). Der nächste Versuch mit LET IT BE (3:23) ist zwar komplett, aber sehr schludrig. George fragt dennoch, ob sie sich das Band anhören sollen;

es ist aber gar keine Aufnahme mitgeschnitten worden, drum weist Paul Glyn Johns an, jetzt das Bandgerät anzuschmeißen, und es entsteht ein Take von LET IT BE (3:45), der zwar auch nur mäßig gerät (John spielt zeitweilig auf dem Rücken liegend, den Kopf in Yokos Schoß gebettet), aber als bester Take dieses Tages wird dieser in einer noch fernen Zukunft auf *Anthology 3* landen.

Im Kontrollraum wird die Aufnahme abgehört, auf Georges Bitte sogar zweimal; John, der es offenbar nicht mehr aushält, singt am Ende HEY JUDE (0:12) hinein, worauf George mit einer Zeile aus I SHOULD HAVE KNOWN BETTER (0:03) antwortet. Alle sind sie am Gackern, sogar Yoko. Zurück im Studio, will auch Paul seinen Spaß haben und klimpert eine instrumentale Highspeed-Version von MARTHA MY DEAR (1:06). Dann kehren sie zu seiner Ballade zurück; inmitten improvisierter Fingerübungen und absaufender Versuche entsteht ein kompletter Take von LET IT BE (3:58), bei dem Paul aber erschöpft klingt und John und Ringo schon vor dem Ende aussteigen. Paul merkt plötzlich: „Es ist schon spät!" John schaut auf die Uhr und intoniert, was er sieht, in Gestalt einer Rock'n'Roll-Improvisation: „Well, it's eight o'clock and the joint is rockin'" (0:05). John analysiert die Struktur von *Let It Be*, doch Paul unterbricht ihn: „Können wir das morgen fortsetzen? Ich bin ein bißchen müde. Hast du was dagegen, wenn wir jetzt aufhören?" John karikiert zur Antwort Pauls bisherige Haltung: „Ich versuch bloß, die Gruppe bei der Arbeit zu halten!" Aber auch Paul kann fremde Rollen spielen: „Ich bin dafür, die Bürostunden einzuhalten!" George stimmt zur Abwechslung LOVE STORY (0:38) an, einen Song von Randy Newman, über dessen Debüt-LP sich alle positiv äußern. Unter Johns Führung werden noch eben die Duane-Eddy-Nummern CANNONBALL (0:23) und SHAZAM! (0:16) sowie Johnny Duncans LAST TRAIN TO SAN FERNANDO (0:38) runtergenudelt, dann verabschiedet sich Paul.

„Kommen wir morgen wieder her?", fragt George und stimmt einen bisher ungehörten eigenen Song an, ISN'T IT A PITY (2:11). John versucht eine Begleitung und fragt anschließend, was das ist. George: „Das hab ich vor ungefähr drei Jahren geschrieben und dir damals vorgespielt." John: „Hat mich wohl nicht beeindruckt." Und damit endet der Arbeitstag.

Es ist ein Arbeitstag gewesen, an dem hauptsächlich an drei Stücken gearbeitet wurde. Die morgendlichen Versuche, *Two Of Us* zu verbessern, bleiben weitgehend erfolglos, ohnehin ist unklar, was damit bezweckt werden soll, da der Song am Vortag schon perfektioniert wurde. Die ausgedehnten Proben von *Let It Be* am Ende des Tages wiederum leiden unter der

Müdigkeit, vielleicht auch unter einem gewissen Überdruß, und haben höchstens den Erfolg, daß alle nun umfassend mit der Struktur des Songs vertraut sind. Als eigentlicher Erfolg des Tages bleibt die ungewohnt konzentrierte Arbeit an *For You Blue*, einem Song, der praktisch von null an auf ein so gutes Niveau getrieben wird, daß eine oder zwei veröffentlichbare Aufnahmen dabei abfallen. Und daß es sich dabei um einen Song von George handelt, dem sich auch Paul und John mit ungewohnter Akribie widmen, ist wohl kein Zufall, sondern zeigt, daß die Lektion von Georges Ausstieg vor zwei Wochen durchaus verstanden wurde. Überhaupt sind Stimmung und Arbeitshaltung heute gut, wenn auch Paul anläßlich einer kurz aufflammenden Grundsatzdiskussion ein gewisses Maß an Resignation darüber anzumerken ist, daß das, was er mit diesen Sessions eigentlich hatte erreichen wollen, sich nicht umsetzen läßt.

Zwei Wunder

Sonntag, 26. Januar 1969, Apple-Studio

Der Tag beginnt so, wie der Vortag endete, nämlich mit ISN'T IT A PITY (1:48). Bevor George seinen Song zur Akustikgitarre singt, erklärt er Ringo (die anderen Beatles sind noch nicht da): „Vor drei Jahren hab ich den John vorgesungen, und er meinte bloß: ‚Ziemlicher Scheißdreck!‘ Aber ich fand, der war gut." Später habe er den Song Sinatra anbieten wollen, es aber doch gelassen: „Weißt du, ich merkte, Sinatra singt fast jeden Song, auch den letzten Shit." Mal Evans, der Kaffee ausschenkt, gefällt der Song jedenfalls, und er vergleicht ihn mit einem anderen folkigen Stück, das George daraufhin anstimmt: WINDOW, WINDOW (1:00). Schließlich folgen auch noch zwei Schnipsel LET IT DOWN (0:27 / 0:15). Zwischendurch befindet George: „Wär schön, wenn man hier schon mit dem guten Gefühl herkommen könnte, mit dem man abends geht." Eigentlich unterschieden sich die Tage nur dadurch, daß er woanders sitze und etwas anderes anhabe – „immer dieselben Songs".

Ringo setzt sich ans Klavier, und George fragt ihn: „Hast du am Text von dem Picasso-Ding weitergeschrieben?" „Nö", antwortet Ringo, er ziehe das Octopus-Ding vor. Also stimmt er – von George an der Gitarre rudimentär begleitet – die einzige Strophe von OCTOPUS'S GARDEN (0:32) an. Alle sind amüsiert über das simple Liedchen, aber George beginnt, Melodievariationen und Textergänzungen zu entwickeln, und in abwechselnden Anläufen arbeiten er und Ringo den Song zehn Minuten lang in Detailstudien weiter aus. (Ausschnittweise ist diese Arbeit im Film *Let It Be* festgehalten.) Zwischen zwei ersten, naturgemäß holprigen Durchspielversuchen von OCTOPUS'S GARDEN (1:03 / 0:47) tauchen John und Yoko auf; John fragt, welches Instrument er spielen solle, alles außer Baß sei ihm recht, Ringo verweist ihn ans Schlagzeug, und in dieser Besetzung folgt eine weitere Probe von OCTOPUS'S GARDEN (1:19). Währenddessen erscheint auch Paul (im Schlepptau seine Braut Linda und deren Tochter Heather) und schwärmt sogleich von den Acetat-Aufnahmen, die Glyn Johns ihnen am Vortag mitgegeben hat: „Die größte Band aller Zeiten!" So ganz ernst meint er das wohl nicht; Ringo widerspricht denn auch: außer *Get Back* sei alles ziemlich scheußlich. Während alle durcheinanderquatschen, entwickelt Ringo aus dem Intro von *Octopus's Garden* einen Boogie (0:33), bei dem es sich um Nina Simones *My Baby Just Cares For*

Me handeln könnte, und startet dann zwei sehr holperige, aber spaßige Ensembleproben von OCTOPUS'S GARDEN (2:01 / 1:01) unter Gesangsbeteiligung aller Beatles und auch George Martins. George komponiert rasch ein paar Takte als Überleitung, aber das Problem ist eben, daß vom Text außer der einen Strophe noch gar nichts vorhanden ist.

John, immer noch das Schlagzeug malträtierend, improvisiert einen Text über die Schlüsselformulierung „Little piece of leather" (0:31), gemünzt wohl auf die kleine Heather. Die übrigen diskutieren die Vorzüge und Defizite der einzelnen Songs auf der Acetatplatte, wozu George zur Illustration TWO OF US (0:17) und DIG A PONY (0:17) anspielt. *Get Back* wird von allen als beste der Acetat-Aufnahmen angesehen, und George bezeichnet den Song unwidersprochen als ihre nächste Single. Ringo initiiert weitere, recht unorganisierte gemeinschaftliche Teilproben von OCTOPUS'S GARDEN, die sich eine Viertelstunde hinziehen, und damit verabschiedet sich seine unfertige Komposition dann endgültig aus diesen Sessions.

Während Linda und Heather interessiert das Studio-Equipment in Augenschein nehmen, hat Glyn Johns, der offenbar ernsthafter weiterarbeiten möchte, einen der Takes von *For You Blue* vom Vortag aufgelegt und spielt ihn vor, was Paul ein großes Lob für den Song entlockt. Die Beatles merken aber, daß es Take 6 ist und nicht der von ihnen präferierte, George Martin will es erst nicht glauben, und so werden beide Takes mehrmals abgespult und verglichen, bis John fragt: „Was machen wir also? Wollen wir spielen, oder bloß abhören?" Als schließlich auch noch zweimal die Vortagsaufnahme von *Let It Be* abgehört wird, verzieht John sich ans Schlagzeug und trommelt mit. Das Abhören des Bandes ist der Startschuß für ausgiebige Proben von LET IT BE, die die Beatles während der nächsten drei Stunden mehrheitlich beschäftigen. Beim ersten Komplettdurchspiel von LET IT BE (3:42) wird ein neuer Grad an akustischem Grusel erreicht, nicht zuletzt, weil John immer noch am Schlagzeug sitzt und an diesem Instrument noch größeren Schaden anrichtet als am Baß. Aber auch die Kollegen (einschließlich Billy, der jetzt wieder dabei ist) klingen gesanglich wie instrumental ziemlich daneben, offenbar sind sie zum Spielen noch nicht richtig warm, und das wird nun gezielt geändert durch Steigerung des Vergnügungsfaktors. Zunächst singt Paul einen (möglicherweise improvisierten) Songs mit den Eingangszeilen „It was so blue / What could we do?" (0:23), dann zelebriert er, unterstützt von den Kollegen, unter engagiertem Stimmeinsatz (wenn auch nicht sehr textsicher) die Jerry-Lee-Lewis-Nummern HIGH SCHOOL CONFIDENTIAL (1:19) und GREAT BALLS

OF FIRE (2:26), schließlich Ray Charles' DON'T LET THE SUN CATCH YOU CRYING (2:35).

Die Arbeit soll beginnen; Paul spielt das Intro zu LET IT BE (0:16), doch John ist noch nicht bereit, also improvisiert Paul noch schnell einen bluesigen Song mit der Eingangsformulierung „I left my home in the world" (1:15+). Dann aber beginnt eine längere Stop-and-Go-Probe von LET IT BE (13:03), aus der mehrere Schnipsel im Film *Let It Be* zu sehen sind. Billys Orgel, erstmals auf diesem Stück zu hören, klingt sehr kirchlich, was John besonders gefällt. In einer Pause blättert George in einem Männermagazin; John fällt dazu die „amerikanische Gruppe The Motherfuckers" ein (er scheint sie für eine Band zu halten, obwohl es sich um Politaktivisten handelt). Paul improvisiert mit Billy ein kurzes Instrumental (0:30) und intoniert dann seinen unveröffentlichten Song SUICIDE (0:46) – John singt zeitweise mit, denn er kennt den Song gut, es ist einer der frühesten, die Paul geschrieben hat.

Dann geht es weiter mit Pauls neuem Song. Neben Detail- und Bruchfassungen schaffen sie drei komplette Durchspiele von LET IT BE (2:52 / 3:44 / 3:42). Das Niveau steigert sich graduell von völliger Unerträglichkeit zu halbwegs anhörbaren Fassungen. Zwischendurch wird nochmals die Struktur durchgegangen, und damit es nicht zu quälend wird, lockert Paul den Song durch Einfügung von „Brother Malcolm" und Zeilen in karikiertem Deutsch auf. Daß für die dritte Strophe immer noch der Text fehlt, ist das geringste Problem, trägt aber zur allgemeinen Verunsicherung bei. Beim letzten Duchspiel, das Glyn Johns mitschneidet, geben sie sich alle ein bißchen mehr Mühe, können beim anschließenden Abhören aber nur teilweise zufrieden sein, und wenn man weiß, was später aus dem Song geworden ist, klingt Billys fiepsige Kirchenorgel wie reinste Satire.

Heather nutzt die Gelegenheit, Ringos Schlagzeug zu mißbrauchen; John intoniert derweil einen Quatschreim über die Tänzerin Isadora Duncan und Telefunken (ausschnittweise geht diese Alberei in den Film *Let It Be* ein) und murkst noch eine Instrumentalimprovisation (0:40) hin, bevor die ernsthaften Proben mit mehreren abgebrochenen Anläufen und zwei Komplettversuchen von LET IT BE (3:52 / 2:17+) fortgesetzt werden – den ersten verhaut Paul, indem er mehrmals seinen Einsatz verpaßt, nach dem zweiten, der recht ordentlich gerät, meint George: „Als wir das in Twickenham spielten – war schön, wie wir da das Ende machten." Also wird diese von den anderen vergessene Methode, die Endtakte zu verzögern, einige Male durchprobiert. George findet: „Das Stück ist sehr Country-&-Westernmäßig." Während Paul säuselnd singt, meint John: „Eher Country &

Gospel!" Aber ‚Western' bleibt ihm wohl im Hinterkopf, denn eine Minute später stimmt er mit tiefer Säuferstimme Frankie Laines DO NOT FORSAKE ME (0:38) aus *High Noon* an, und da es nach Essen riecht, schlägt er vor, noch einmal Pauls Song durchzugehen und dann Mittagspause zu machen – Paul kommentiert das durch den zweisprachigen Ausruf: „Beatles gone to Pause!" John reagiert darauf mit diversen deutschen Ausrufen: „Laß mir lesen, laß mich gehen!" In dieser Stimmung ist es fast kein Wunder, daß ernsthafte Arbeit nicht mehr möglich ist; als schon das Intro mißlingt, beginnt George eine auf Country gestimme Solofassung von LET IT BE (0:35), in die sich die anderen nach und nach mit mehr oder weniger witzigen Dreingaben einbringen – John singt „Let it b-c-d-f-g" und dann nochmals mit Nachdruck: „Let it a, let it b, let it c, let it d, let it e-f-g-h-i-j-k, double-wobble-wobble-you-gee!" Nach dem Riff aus YOU REALLY GOT A HOLD ON ME (0:05) geht es weiter mit einem Fehlstart und einem weiteren Komplettdurchspiel von LET IT BE (3:35), das George durch den Textvorschlag „And in her darkest hour she is sitting on a lavatory" veredelt.

Niemandem scheint mehr so recht der Sinn nach dem Pathos des Stücks zu stehen, also spielt John (immer noch am Baß, auf dem er ein echter Stümper ist) ein Rock'n'Roll-Riff, aus dem sich unter Beteiligung der anderen eine kuriose Bossa-Nova-Version von Dylans LIKE A ROLLING STONE (0:44) ergibt. Im selben Musikstil wird gleich auch noch TWIST AND SHOUT (1:42) verwurstet. Heather singt dazu in einem Sägestil à la Yoko und macht leider auch nervig lange weiter, als die Beatles zu einer ausgedehnten, leicht von dem eben gespielten Dylan-Song angehauchten Jam-Fassung des ad-hoc-Songs DIG IT (11:44) übergehen, John jetzt an der Gitarre. Musikalisch ist diese Jam eher einfallslos, aber sie ist doch spaßig genug, um Glyn Johns zu veranlassen, nach der Hälfte der Zeit ein Tonband anzuwerfen und den Rest mitzuschneiden. Aufgenommen wird auch, was folgt, nämlich ein ganzer Strauß sehr spielfreudig dargebotener Oldies: Little Richards RIP IT UP (2:30), Big Joe Turners SHAKE, RATTLE AND ROLL (1:42), ein Medley (3:50) aus Little Richards MISS ANN, der Wilbert-Harrison-Version von KANSAS CITY und Lloyd Price' LAWDY MISS CLAWDY, dann Carl Perkins' BLUE SUEDE SHOES (2:15), schließlich Smokey Robinsons YOU REALLY GOT A HOLD ON ME (3:40). (Der Mitschnitt, den Glyn Johns anfertigt, hat sich im übrigen gelohnt; ein kurzer Schnipsel aus *Dig It* erscheint später auf der LP *Let It Be*, ein geschickt zusammenmontiertes Medley aus Teilen von *Rip It Up*, *Shake, Rattle And Roll* und *Blue Suede Shoes* noch viel später auf *Anthology*

3; Ausschnitte aus Y*ou Really Got A Hold On Me* und den Rock'n'Roll-Oldies sind zudem im Film *Let It Be* zu sehen.)

Ringo steigt an dieser Stelle aus, vielleicht ist er hungrig, Paul hat kurz zuvor angekündigt, sie würden jetzt essen gehen – aber George geht, unterstützt von John und Billy, zu einem weiteren Smokey-Robinson-Song über, dem von ihm gern gespielten TRACKS OF MY TEARS (1:55), gefolgt von zwei Edwin-Starr-Hits, AGENT DOUBLE-O-SOUL (2:18) und S.O.S. (1:40), dann Johnny Rivers' ROCKIN' PNEUMONIA AND THE BOOGIE WOOGIE FLU (0:35) und schließlich Otis Blackwells DADDY ROLLIN' STONE (2:31). Paul klimpert anfangs noch mit, steigt dann aber aus, und John schnappt sich die Slide-Gitarre. George, John und Billy (jetzt am Klavier) improvisieren einen simplen Blues (1:18), und das reizt offenbar auch Paul, denn für zwei Fortsetzungen der Improvisation (16:40 / 3:52) setzt er sich ans Schlagzeug; auch Yoko jault mit, allerdings an einem leisen Mikro. Diese etwas stumpfsinnigen Improvisationen sind beim Anhören sicherlich nervtötender als beim Spielen; am interessantesten daran mögen die Duettpassagen sein, die Paul (am Schlagzeug) und George (versiert am Baß) weitgehend allein bestreiten. Schließlich wechselt Paul den Rhythmus, und die mit George (immer noch am Baß) und John (jetzt an der normalen E-Gitarre) entwickelte rockigere Improvisation (3:42+) ist ein klein wenig interessanter. Und so geht's in die Mittagspause, in der Ringo mit einigen aus der Truppe aufs Dach des Apple-Gebäudes steigt, um frische Luft zu schnappen oder die Aussicht über London zu genießen – woraus sich spontan die Idee ergibt, dies sei doch ein toller Konzertort.

Gut gesättigt, gehen sie anschließend wieder an Pauls Ballade. Aufs Stimmen der Instrumente und kurze Detailabstimmungen folgen drei Komplettdurchspiele von LET IT BE (3:46 / 3:51 / 3:53): das erste zeigt zumindest ihre zunehmende instrumentale Sicherheit; das zweite fällt dagegen ab, weil Paul mit dem Text durcheinander gerät; aber das dritte ist so gut, daß Glyn Johns es noch am Abend abmischen und anfangs sogar als Kandidaten für die LP *Get Back* betrachten wird. Nach der recht katastrophalen Qualität, die der Song noch am Vormittag hatte, ist es fast ein Wunder, daß jetzt plötzlich ein fast schon perfekt geschliffenes Juwel zum Vorschein kommt – größter Schwachpunkt ist jetzt eigentlich der Text (statt der dritten Strophe singt Paul einfach zusammengestoppelte Zeilen aus den ersten beiden).

Als Paul meint, jetzt sei erst einmal genug mit seiner Ballade, beginnt George, wie schon am Vortag LITTLE YELLOW PILLS (0:21) zu singen. Daraus entwickelt sich eine gemeinschaftliche Jam über das Thema „I told you before" (13:49), offensichtlich ein improvisatorisches Stück, das die Beatles schon mehrfach geprobt haben und das jetzt mit Billy interessante Gitarre-Orgel-Duett-Effekte ergibt. Anfangs singt John, teilweise als Scatgesang; dann mischt sich die kleine Heather mit einer recht gelungenen Imitation von Yokos Kreischgesängen ein, und John, der sich offenbar herausgefordert sieht (wer kann lauter?), kreischt zurück; schließlich steuert George einen sehr engagiert-kehligen Gesang bei, durch den das Stück Fahrt aufnimmt und an Niveau gewinnt. Nach dem vorläufigen Ende werden einige Details abgestimmt, und George sagt John die Akkorde vor, dann folgen zwei Fortsetzungen der Improvisation über „I told you before" (2:07 / 8:46), die zweite mit John an der Slide-Gitarre. Als sie fertig sind, philosophiert George, was für eine „tolle Sache" so ein Band-Spiel sein könne. Als nochmals *Let It Be* erwähnt wird, stöhnt John: „Laßt uns damit Pause machen, wir spielen's schon zwei Tage. Laßt uns ein neues machen." George fragt: „Was ist so schlecht dran, es ausgiebig zu spielen?" Die Tendenz geht aber in Richtung Songwechsel; John schlägt *For You Blue* vor, doch Paul dirigiert sie zur überfälligen Probe seiner zweiten Ballade.

Der Rest des Tages (etwa zwei Stunden) gehört allein der Arbeit an THE LONG AND WINDING ROAD. „In welcher Tonart fängt es an?", fragt John. Paul spielt es erst einmal als Endlosschleife zehn Minuten vor sich hin, und die anderen versuchen, auf ihren jeweiligen Instrumenten eine Begleitung zu improvisieren. Anschließend geht Paul in guter Lehrermanier den Song Takt für Takt durch, sie versuchen sich an ersten Komplettdurchspielen von THE LONG AND WINDING ROAD (3:23 / 3:20), die erwartungsgemäß recht stümperhaft klingen. Im Zuge der Detailarbeit meint Paul, er hätte gern einen Ray-Charles-Sound, wisse aber nicht, wie er den erreichen könne; außerdem wünscht er sich von Ringo einen Beat wie in Ben E. Kings *Stand By Me* (George bevorzugt einen à la Arthur Alexander). Als kleine Variante, die vielleicht ein Mittel gegen aufkommende Schläfrigkeit sein soll, spielen sie eine Cha-Cha-Version von THE LONG AND WINDING ROAD (1:37); sie klingt so originell, daß sie Eingang in den Film *Let It Be* finden wird. Ebenso im Film zu sehen ist Johns zwischen den nächsten Komplettdurchspielen von THE LONG AND WINDING ROAD (3:22 / 3:33) eingeworfener Hinweis, die Instrumente seien nicht synchron gestimmt. Dies ist nicht das einzige Problem, wie die schier endlose weitere Murkserei zeigt. Es klingt eigentlich alles, was die fünf Musikanten machen, schief oder unangemessen, zudem gerät Paul ständig mit seinem Text durcheinander, zwischendurch bestellt sich George einen Cola-Whisky, der das Elend aber wohl auch nicht beschönigen kann, und wechselt zur

Akustikgitarre, die freilich nicht zum Charakter des Songs paßt. So dümpeln die Proben vor sich hin, ohne daß viel Fortschritt erkennbar wäre – bis Glyn Johns sie aufruft, einen Take auf Band zu spielen. Und zum zweiten Mal an diesem Tag ereignet sich ein Wunder, diesmal ein noch größeres, sie spielen nämlich mitten aus dem akustischen Sumpf heraus einen Take von THE LONG AND WINDING ROAD (3:36) ein, der so wunderschön ist, daß Glyn Johns ihn am selben Abend abmischt und später für die LP *Get Back* auswählt; auch auf der LP *Let It Be* erscheint dieser Take, wenn auch von Phil Spector grauenvoll mit Chor, Streichern und Harfe zugezuckert (die von solchen Zugaben wieder befreite Fassung kommt dann auf *Anthology 3*). ‚Wunderschön‘ heißt zwar nicht ‚fehlerlos‘, denn John verzupft sich an seinem Baß am laufenden Band (Spectors Arrangement wird auch dem Versuch gelten, diese Fehler zu überkleistern), aber Fehler sind beim Grundkonzept dieser Sessions eh einkalkuliert.

Beim Abhören der Aufnahme im Kontrollraum meint George: „Paul, du wirst Streicher brauchen! Wäre auch schön, es von Bläsern gespielt zu hören." Paul scheint dem Gedanken nicht völlig abgeneigt. George findet, Billy solle lieber Orgel statt E-Piano spielen, um nicht so sehr von Pauls Klavier überdeckt zu werden, und bittet drum, das Band nochmals abzuhören, dann ist Schluß für heute. Paul schlägt vor, am nächsten Tag später als üblich anzufangen, gegen zwölf, dann um vier etwas zu essen und vielleicht bis um neun zu arbeiten – und damit verabschieden er und seine Frauen sich. George unterhält sich noch mit Billy über Möglichkeiten, gemeinsame Sessions zu organisieren, vielleicht unter Beteiligung von Ringo und Paul.

Obwohl an diesem Tag eigentlich nicht viel passiert ist, muß das Fazit doch uneingeschränkt positiv sein. Im Grund werden nur zwei Songs geprobt, die beiden Balladen von Paul, und bei beiden scheint es lange so, als trete man zäh auf der Stelle, doch im einen Fall entsteht am Ende eine Aufnahme, die zu recht auf Platte gepreßt wird (wenn man sich auch drüber streiten kann, in welchem Grad der Nachbearbeitung sie hätte veröffentlicht werden sollen), und im anderen Falle wäre etwas Veröffentlichbares entstanden, hätte Paul seinen Text fertig gehabt. Ebenfalls geprobt wird *Octopus's Garden*, ein eher dümmlicher Ringo-Song, der sich aber unter Georges Anleitung zu etwas entwickelt, das später die Basis für eine gute LP-Version sein kann (auch das ist ein Erfolg). Einzig weiteres Originalmaterial, das heute gespielt wird, sind die Solo-Songs von George, die leider nie von den Beatles (und auch von ihm selbst nur zum Teil) richtig aufgenommen werden. Außerordentlich fruchtbar ist heute die Beschäftigung mit

Oldies – fruchtbar, weil für die Verhältnisse dieser Sessions relativ hörbare Aufnahmen entstehen (von denen Jahrzehnte später einige sogar auf offiziellen CDs landen), fruchtbar aber auch, weil der Umgang mit diesen Oldies die gemeinsame Stimmung befördert. Ohnehin kann man die Stimmung der Beatles an diesem Tag als geradezu ideal ansehen, locker, vertrauensselig und doch zielstrebig geht man miteinander um, und wir können uns vorstellen, daß so ähnlich bei Aufnahmesessions in früheren, unbeschwerteren Zeiten der Umgang der Beatles miteinander gewesen sein muß.

Geh raus!

Montag, 27. Januar 1969, Apple-Studio

Paul, John und Yoko sind wie abgemacht gegen zwölf im Studio, nehmen ein verspätetes Frühstück ein und unterhalten sich über Johns Kunstausstellung *You Are Here*. Alle drei gackern über einschlägige Presseartikel, aus denen Paul vorliest: „Wie sehr liebt er Yoko? ‚Mehr, als ich die Queen liebe!'" Paul beginnt, am Klavier Variationen über sein Instrumental THE CASTLE OF THE KING OF THE BIRDS (4:20) zu spielen, John schnappt sich seine Gitarre und macht mit; schließlich geht Paul zu STRAWBERRY FIELDS FOREVER (2:03 / 0:17 / 0:07) über, das er selbst singt. Ihr Spiel wird durch Glyn Johns unterbrochen, der recht erregt eintrifft und berichtet, er habe auf der Herfahrt einen Zusammenstoß mit einem Streifenwagen gehabt; so kommen sie auf Erfahrungen mit der Polizei allgemein und auch auf den Politiker Enoch Powell. John hat ein anderes Problem: „Als Apple-Direktor habe ich eine Beschwerde – kein Toilettenpapier mehr da! Schreckliche Schande!" Paul: „Oben ist noch rosafarbenes."

George kommt dazu und hat eine gute Ausrede für seine Verspätung: „Bin erst sehr spät ins Bett gekommen – hab einen tollen Song geschrieben. Fröhlich; und ein Rocker – ist doch glatt zuviel! Hab die ganze Zeit gedacht, jetzt geh ich einfach zu Bett, aber dann hatte ich immer eine Stimme von vor zehn Jahren im Ohr: ‚Bring sie zu Ende, wenn du einmal damit angefangen hast!' Hast du mal zu mir gesagt, John." John lacht: „Schaff ich nie! Aber ich weiß, das ist am besten." Glyn Johns unterbricht sie, um zu sagen, daß er Bänder vorzuspielen hat, doch während sich alle anderen aufs Abhören vorbereiten, setzt George sich ans Klavier und spielt und singt Billy mehrmals stockend seinen neuen Song vor: OLD BROWN SHOE (13:47). Der Song ist tatsächlich in Text, Melodie und Struktur komplett. So recht reagiert niemand; schließlich will George nach oben gehen, um einen Anruf zu erledigen, und Billy setzt sich ans Klavier, um (ohne Beteiligung der Beatles) über das Thema „I told you before" vom Vortag zu improvisieren.

Im Kontrollraum präsentiert Glyn Johns ihnen stimmungssteigernde Bänder: *The Long And Winding Road* und *Let It Be* vom Vortag, dann *Don't Let Me Down* vom 22. Januar, schließlich *Dig It* und die Oldie-Session vom Vortag. Anläßlich *Dig It* fragt George mehrmals bedauernd, die andere Jam („I told you before") sei wohl nicht mitgeschnitten worden. Paul schlägt vor, die beiden tags zuvor exzessiv geprobten Balladen nochmals durchzugehen, John greift sich dafür den Baß, steht aber wohl noch unter dem Eindruck der Oldies und spielt Elvis' BABY LET'S PLAY HOUSE (1:20) an; Ringo zieht sofort mit. Paul fragt George, ob er lieber *The Long And Winding Road* oder *Let It Be* proben wolle, singt und spielt dann allerdings (begleitet von Ringo und Billy, schließlich auch vom Aushilfsbassisten John) erst einmal ein Weilchen OH! DARLING (7:43). Es folgen eine knappe Dreiviertelstunde lang Proben von LET IT BE, die jedoch nicht sonderlich konzentriert ausfallen; neben Fehlstarts und Teilfassungen (manche davon probeweise mit beschleunigtem Tempo) schaffen sie nur vier Komplettdurchgänge von LET IT BE (4:00 / 3:59 / 3:43 / 3:48), allesamt eher uninspiriert, wenn auch die ersten beiden interessante Varianten darstellen, sie sind rockiger als üblich, die zweite, weitgehend instrumentale hat zudem eher Jam-Charakter – aber George ist dagegen, den Song zu heavy zu spielen, also kehren sie zur Standardfassung zurück. Die Schlußstrophe hat Paul immer noch nicht geschrieben.

Weiter geht es eine gute halbe Stunde mit ähnlich fruchtlosen Proben von THE LONG AND WINDING ROAD. Zuerst führt Paul seine Kollegen durch eine Art Endlosschleife, wobei er zwischendurch zugibt, er wisse eigentlich gar nicht, wie er das Stück spielen solle, es sei doch etwas mühselig und schwerfällig. Ihm und John gefällt der Zusammenklang der Instrumente nicht, sie diskutieren die Probleme mit George Martin und spielen absichtlich eine besonders scheußliche Fassung von THE LONG AND WINDING ROAD (4:10), um George Martin zu ärgern, der ihnen ständig widerspricht. Wo sie gerade bei unernsten Einlagen sind, verwüstet Paul noch Screamin' Jay Hawkins' LITTLE DEMON (1:18), dann wird nochmals THE LONG AND WINDING ROAD (0:59) gemeuchelt, diesmal unter gesanglicher Federführung Johns, der satirisch drauflosschmalzt. Paul meint, sie wollten's doch noch einmal ernsthaft versuchen, und nach einem Fehlstart kriegen sie tatsächlich eine Komplettfassung von THE LONG AND WINDING ROAD (3:40) hin, allerdings eine unangenehm schläfrige. John und George plaudern ein wenig über Beatles-Filme (John erzählt, er lasse gelegentlich den Film *Magical Mystery Tour* laufen und schalte dazu auch noch Fernseher, Radio und Plattenspieler an), dann fängt Paul nochmals mit seiner Ballade an, überführt sie aber in eine fiese Marschversion des Drifters-Hits SAVE THE LAST DANCE FOR ME (0:37).

Ringo und Billy spielen eine kurze instrumentale Improvisation (0:52), John und Yoko ziehen zum Essen los – das ist für George die Gelegenheit, sich ans Klavier zu setzen und seinen neuen Song zu proben, als Endlosschleife spielt er sich immer wieder durch OLD BROWN SHOE (33:30), wobei bald auch Ringo, Billy und Paul mitmachen. Paul spielt Georges E-Gitarre, ans Leslie-Effektgerät angestöpselt, und das veranlaßt George, am Ende zu fragen, ob eigentlich die weiße Gitarre wiedergefunden wurde, die Paul auf *Drive My Car* gespielt hat. Paul muß sich erst wieder drauf besinnen, aber vom Verbleib der Gitarre weiß er nichts. Über seine nächtliche Komposition hat George noch etwas zu sagen: „Mir gefällt der am besten von all meinen neuen Songs!" Nachdem Paul, Billy und Ringo noch eine lässige Improvisation (4:30) entwickelt haben, machen sie eine einstündige Essenspause inklusive Inspektionsausflug aufs Gebäudedach.

Auf die Pause folgt das übliche Warmspielen, zunächst mit einer Instrumentalversion von HI HEEL SNEAKERS (0:46+), dann mit einer Jam-Fassung von GET BACK (1:06+), bei der John singt und Paul Schlagzeug spielt. Nach Beendigung des Songs trommelt Paul weiter, und als Billy, George und John wieder einsteigen, entwickelt sich eine sehr bluesige, nach Underground klingende, für die Verhältnisse dieser Sessions hörenswerte Improvisation (6:51+). Sowie sie damit fertig sind, startet Billy eine weitere Improvisation, und zwar über das schon vortags erprobte Thema „I told you before" (7:59); John singt dabei, Paul übernimmt den Baß, und Ringo kehrt schließlich an sein angestammtes Schlagzeug zurück. Dies ist zumindest bei diesen Sessions das letzte Mal, daß über dieses Thema improvisiert wird – sehr schade, denn von allen Improvisationen, die die Beatles je gespielt haben, ist dies diejenige mit dem größten musikalischen Potential (wobei natürlich nicht vergessen werden darf, daß die Beatles nie große Improvisateure waren).

Als sie fertig sind, fragt John: „Was jetzt? Wollen wir was aufnehmen?" Lindsay-Hogg setzt zu einer seiner länglichen Erklärungen an, doch da fällt ihm George ins Wort: „Laßt uns an diesem Nachmittag jetzt alles aufnehmen! Und dann können wir uns um die LP kümmern!" Mit ‚aufnehmen' scheint das Einspielen halbwegs fehlerfreier Versionen vor laufender Kamera gemeint zu sein, und George will die von ihm nicht geliebten Kameras endlich aus dem Weg haben. Vermutlich in der Pause vorhin wurde in Sachen des immer noch angestrebten Live-Konzerts, dessen Details bis heute ungewiß waren, ein Entschluß gefaßt, nämlich der, einfach aufs Dach des Apple-Gebäudes zu steigen und da aufzutreten; ein Statiker hat die Tragfähigkeit bestätigt. John will nun wissen, ob ein Hubschrauber beschaffbar sei, um spektakuläre Aufnahmen schießen zu können. Lindsay-Hogg verbreitet sich über die Kosten, aber die schrecken niemanden, keiner widerspricht dem Plan, und der Wetterbericht für die nächsten Tage ist gut. Beim Gedanken, daß die lange offene Frage des Live-Auftritts endlich geklärt ist, scheinen alle ganz beschwingt zu werden, sie schütteln noch zwei unkonzentrierte Improvisationen (0:22 / 1:13) aus dem Ärmel.

Zwischendurch hat John schon erfolglos versucht, seinen besten (und beinahe einzigen ernstzunehmenden) Songbeitrag zu diesen Sessions anzustimmen; verzögert findet er nun doch Gehör, denn alle nudeln sie (mehr durcheinander als miteinander) DON'T LET ME DOWN (1:11). Es wird ein Rohrkrepierer, niemand ist bereit, und als sie dann endlich zusammenfinden, spielen sie nicht Johns Song, sondern das hebräische Volkslied HAVA NAGILA (0:31). Die Instrumente müssen gestimmt, die Instrumentalisten innerlich eingestimmt werden, und von den folgenden Takes von DON'T LET ME DOWN (3:29 / 3:30) gerät der erste, den George Martin kurioserweise als „Take 39" ansagt, unbrauchbar, vor allem Johns mangelnder Textsicherheit wegen; der zweite ist besser, aber auch nicht ganz fehler- und witzelfrei. Es folgen ein paar Detailproben, doch statt noch einen Take zu versuchen, stimmt Paul zu Johns größter Freude plötzlich GET BACK (3:12) an, und sie bringen eine übermütige, von Ringo allerdings mit einem zu schnell galoppierenden Rhythmus versehene Komplettfassung zustande.

Dies ist der Einstieg zu gut zweistündiger konzentrierter Probenarbeit ausschließlich an GET BACK. Neben Abbruchfassungen und Detailproben entstehen zunächst drei komplette Versionen von GET BACK (3:04 / 2:49 / 3:03), die zeigen, daß sie den Song im Griff und beinahe perfektioniert haben. Allerdings unterlaufen ihnen immer wieder kleinere Fehler, zum Teil bedingt dadurch, daß sie auf Betreiben Pauls ein zu forsches Tempo versuchen. Paul scheint unbedingt verhindern zu wollen, daß sich Öde und Überdruß einschleichen, drum lockert er die Proben auf, indem er spaßige Textvarianten (teilweise mit japanischen Namenseinlagen) singt; auch bei einem von Glyn Johns mitgeschnittenen und deshalb ernsthafter an-gegangenen Take albert Paul herum, sobald klar ist, daß der Take doch nicht brauchbar sein wird (John hat einfach ein zu schlechtes Gitarrensolo gespielt). Ein kleines Problem ist noch der Schluß des Stücks. Es soll in einer kleinen Coda enden, aber unklar bleibt, wie dann diese Coda am besten zum Abschluß zu bringen ist. Glyn Johns, der ein Faible für unsaubere Übergänge und fliegende Wechsel hat, schlägt vor, am Ende von *Get Back* direkt einen anderen Song anzuschließen. John erklärt ihm: „Ach, wir wollten eigentlich zu *Don't Let Me Down* übergehen, einmal haben wir das geschafft. Aber wir könnten alles mal durchüberlegen, vielleicht auch *I've Got A Feeling*." Dadurch animiert, spielen sie I'VE GOT A FEELING (1:36), allerdings so schlampig, daß Paul die Stümperei beendet, um zum anderen Song zurückzukehren. Es ist kurz vor fünf Uhr, langsam rennt ihnen die Zeit davon.

Von den nächsten Komplettversuchen mit GET BACK (3:30 / 3:42) leidet der erste darunter, daß sie das Tempo nun zu sehr verzögern. George Martin weist sie drauf hin, sodann spielen sie wieder schneller und beherrschen den Song beinahe perfekt. George Martin sagt, der Take sei „extrem gut" gewesen, worüber John sich so freut, daß er in den nächsten (nicht ernsthaften und deshalb abgebrochenen) Versuch spontane Albereien einbaut: „Oh, hit me, Jo, I can feel it coming!" Auch Paul freut sich wohl, er singt YOU ARE MY SUNSHINE (0:36) und bringt dann eine relativ lässige Gruppenfassung von OH! DARLING (6:31) auf den Weg, die Glyn Johns teilweise mitschneidet. (Dieser Mitschnitt landet später auf *Anthology 3*, wohl vor allem Johns währenddessen freudig verkündeter Nachricht wegen: „Hab gerade gehört, daß Yokos Scheidung durch ist.") Vielleicht ist der Übermut dafür verantwortlich, daß der nächste Take von GET BACK (3:15) wieder unkonzentrierter gerät. John witzelt, sie könnten ihre nächste LP einfach mit einer Stunde Takes dieses Songs füllen, und George schlägt eine kurze Zigaretten- und Teepause vor. Dann spielen sie aber doch noch einen weiteren Take von GET BACK (2:55), den besten bisher. John stimmt Sam Cookes BRING IT ON HOME TO ME (0:30) an, doch Paul singt einen eigenen Song dagegen, dessen Ähnlichkeit damit nicht zu überhören ist, und so singen Paul und John dann noch im Duett OH! DARLING (0:58). John albert weiter herum („Sweet Loretta Fart, she thought she was a cleaner, but she was a frying pan", ein Ulk, der später in die LP *Let It Be* einkopiert wird), dann folgt ein ganz und gar unalberner Take von GET BACK (2:38), dessen einziger Makel ist, daß die Coda mißrät – ansonsten ist er einfach zu gut, um übergangen zu werden. Am späten Abend wird Glyn Johns diesen Take abmischen, es ist diese Aufnahme, die (kombiniert mit der Coda eines anderen Takes) schließlich als Single sowie auf der LP *Let It Be* veröffentlicht wird.

Zwei Versuche, einen so tollen Take von GET BACK (2:39 / 3:06) zu wiederholen, mißlingen, also gehen sie erst einmal in den Kontrollraum und hören ab, was Glyn Johns mitgeschnitten hat (zum Vergleich auch einen Take vom 23. Januar). John, der wie alle einen vergnügten Eindruck macht, schlägt vor, durch die Nacht weiterzuspielen, notfalls sogar *Oh! Darling*, damit sie wenigstens irgendwas Brauchbares auf Band hätten. Der Versuch, im Studio weiterzuarbeiten, wirft aber gerade nichts Brauchbares ab. Hübsch ist immerhin die Auflockerung durch einen (schließlich in eine straffe, dichte Jam übergehenden) Take von GET BACK (8:52) in naturgemäß fehlerhaftem Deutsch: „Geh weg, geh weg, geh weg nach deine Nacht nach Haus!" John macht auch mit: „Geh raus! Geh raus!" Neben diversen Detailprökeleien (vor allem am Übergang in die Coda) folgen noch drei komplette Takes von GET BACK (3:44 / 3:37+ / 3:07), von denen Glyn Johns zwei spätabends ebenfalls noch abmischen wird, aber wirklich brauchbar sind sie nicht – die Luft ist raus. Den Schlußpunkt setzt eine seltsame Montagefassung von GET BACK (2:12) in extrem verlangsamtem Tempo, bei der nur John den richtigen Text singt, Paul hingegen einen nicht identifizierten (möglicherweise improvisierten) anderen Song mit der Refrainzeile „Water, water", und das alles unterlegt mit dem Riff aus *Two Of Us*!

Während alle ihre Instrumente stimmen, krakeelt Paul noch rasch den Hank-Williams-Song TAKE THESE CHAINS FROM MY HEART (0:18), dann beginnt rund halbstündige Probenarbeit an I'VE GOT A FEELING. Der erste Durchspielversuch mißlingt, weil Glyn Johns nicht bereit ist, ein weiterer scheitert, weil sie alle noch nicht richtig bei der Sache sind (die ‚Teepause‘, die eher eine Weinpause war, hat ihre Fröhlichkeit auf ein Niveau gehoben, das der Probenarbeit nicht nur förderlich ist), aber schließlich kriegen sie mit Mühe einen Take von I'VE GOT A FEELING (3:34) zustande, der freilich unter dem von John vorgeschlagenen schnelleren Tempo leidet. Glyn Johns hat schon während der Präliminarien sein Band mitlaufen lassen, das er deshalb jetzt wechseln muß. Billy nutzt die Pause, um sie zu einer Blues-Jam zu verführen, die sich – nachdem Paul anfangs einen Song mit der Refrainzeile „You won't get me that way" improvisiert hat – schließlich zu einer recht hörenswerten, funky klingenden Version von Jimmy McCracklin's THE WALK (4:07) entwickelt. Den Schluß davon bekommt Glyn Johns noch auf Band (und erwägt später, die Aufnahme für die LP *Get Back* zu verwenden), und dann wird auch noch ein zwar alles andere als perfekter, aber sehr lebendiger Take von I'VE GOT A FEELING (3:45) mitgeschnitten, den Glyn Johns später ebenfalls für die LP erwägt, außerdem eine fetzige instrumentale Teilfassung (0:53).

Im Kontrollraum wird der letzte komplette Take abgehört; Lindsay-Hogg antwortet George, der nach der Uhrzeit fragt, es sei jetzt Viertel nach neun – also höchste Zeit für den Feierabend. Bevor sie auseinanderlaufen, wollen sie aber noch kurz Bilanz ziehen, was sie eigentlich fertig haben. Paul meint, etliche Nummern seien noch nicht perfekt im Kasten, und erwähnt als Beispiele seine beiden Balladen – Glyn Johns widerspricht, von *The Long And Winding Road* hätten sie sehr wohl eine publizierbare Aufnahme. George hat auch eine Meinung: „Ich finde, das beste, was wir hinbekommen haben, ist *Rip It Up*!" Das amüsiert sie alle, auch George selbst.

Glyn Johns kündigt an, er werde heute noch weiterarbeiten und einige Aufnahmen abmischen. Paul schlägt vor, sich morgen um elf zu treffen; um halb zwei haben er und John Termine, dann muß also Pause gemacht werden. Unterdes legt Glyn Johns die mitgeschnittenen Takes von *Get Back* auf, und sie bringen noch einige Zeit damit zu, den besten zu suchen. Am Ende sind sie alle sehr zufrieden mit demjenigen, dem leider die Coda fehlt, und loben sich gegenseitig für ihren Anteil an diesem Take. Ringo verabschiedet sich, und damit endet ein langer Arbeitstag.

Das Fazit dieses Tages sieht gemischt aus. Die Arbeit an Pauls beiden Klavierballaden ist ein wenig versumpft, vorangekommen sind sie dabei nicht – wenigstens ist der Sumpf aber ein rein musikalischer, er hat sich nicht negativ auf dem Gruppengeist ausgewirkt. Positiv auf diesen Geist ausgewirkt hat sich die musikalisch etwas zähe, aber keineswegs erfolglose und vor allem immer wieder sehr vergnügliche Arbeit an *Get Back*; und daß der Bandgeist überhaupt noch da ist, zeigen die an diesem Tag gespielten Gruppenimprovisationen, die inspirierter ausfallen als das meiste, was die Beatles (gemeinsam oder allein) auf improvisatorischem Feld je gespielt haben. Die sehr gelöste, unverkrampfte Stimmung hängt wohl auch damit zusammen, daß sie sich jetzt doch noch auf ein Setting für das Vorhaben der berüchtigten Live-Show geeinigt haben, sie wollen einfach hier vor Ort aufs Dach steigen. Das ist ein Plan, der nicht entfernt so spektakulär ist wie lange angestrebt (was insbesondere George, der immer gegen das Spektakel war, sehr entgegenkommt), andererseits bekommt das Filmprojekt damit doch noch den nötigen Schlußpunkt. In der Summe können sie alle zufrieden sein und sind es wohl auch.

Sleep Of The Beatles

Dienstag, 28. Januar 1969, Apple-Studio

Zu Beginn dieses Arbeitstages lassen sich die Beatles (mit Linda, aber ohne John, der noch nicht da ist) von Glyn Johns abgemischte Bänder vorspielen: zunächst *For You Blue* als Aufnahme vom 25. Januar, dann Vortagsaufnahmen von *Get Back*, *The Walk* und *I've Got A Feeling*. Bei zweien der *Get-Back*-Takes hat Glyn Johns die Coda am Ende ausblenden lassen. Paul findet, er klinge auf diesen Aufnahmen nach Jackie Lomax, und ahmt kurz dessen Gesangsstil nach.

Als George rausgegangen ist, um zu telefonieren, gibt Paul seinen Eindruck von den Bändern preis: „Wenn man sich die Aufnahmen anhört, erkennt man wirklich, wie phantastisch diese Nummern sein können. Aber wir bräuchten noch eine weitere Woche. Heute sollten wir alle nochmal durchgehen, um zu sehen, wo etwas noch nicht richtig sitzt." Als Beispiel für einen Song, der sich auf den Bändern besonders gut anhört, nennt er *Dig A Pony*: „Ganz großartig! Aber auch sehr ungehobelt. Und George ist mit seinem Spiel nicht zufrieden und möchte es nachpolieren. Aber der Song ist großartig, ganz unglaublich!" Ringo meint, auch andere der Songs seien toll, und als Paul *Teddy Boy* erwähnt, gerät George, der gerade hereingekommen ist, ins Schwärmen: „Dabei haben wir den Song gerade eben erst gelernt! Das ist wie Spielen in der Fußgängerzone." Sie einigen sich drauf, daß die Frische der Vorzug ihrer Aufnahmen sei. George gefallen auch die Gesprächsfetzen zwischen den Songs und die improvisierten Zwischenrufe und Textvarianten, besonders Johns Kommentar am Ende von *Teddy Boy* – aber die Akkorde jenes Songs habe er wohl schon alle wieder vergessen.

Michael Lindsay-Hogg (der wenig gesagt hat, seit sie nicht mehr in Twickenham sind) fragt: „George, von den Nummern, die ihr bisher habt – welche, meinst du, könntet ihr auf dem Dach spielen?" Da keine rechte Antwort kommt, bringt Lindsay-Hogg selbst *Dig It* und *Teddy Boy* ins Gespräch. Als *Let It Be* und *The Long And Winding Road* vorgeschlagen werden, wehrt Lindsay-Hogg ab: die sollten im Studio aufgenommen werden. Aus dem Wortwechsel geht hervor, daß das Dachkonzert vor allem ein filmisches Event sein soll, weswegen dem Regisseur nun wieder Entscheidungsgewalten zukommen.

An diesem Punkt gehen sie vom Kontrollraum ins Studio. Beim Stimmen der Instrumente nudelt Paul auf dem Baß Duane Eddys SHAZAM! (0:48);

anschließend ergibt sich eine gemeinschaftliche Instrumentalimprovisation (0:32) und dann ein Blues (5:18), über dem Paul einen improvisierten Song über „The river Rhine" und Zeilen aus *The Long And Winding Road* singt. Nun sind sie alle warm, und sie beginnen mit intensiver Probenarbeit an I'VE GOT A FEELING, die sich über gut anderthalb Stunden hinzieht. Ausführlich (aber nicht übertrieben zielstrebig) wird immer wieder das Break des Songs durchexerziert; auch John kommt dazu. Schließlich wird I'VE GOT A FEELING (3:41) einmal durchgespielt, und zwar auf eine lässige, schläfrige Weise, die vor allem den Zweck hat, Schwachstellen und fehleranfällige Passagen zu finden, ohne Energien für einen richtigen Take zu verschwenden. Anschließend wird eine Viertelstunde lang nur ein bestimmtes Riff geübt – nervtötend, aber vielleicht nötig.

Unterdessen ist der amerikanische Apple-Manager Ken Mansfield eingetroffen, mit dem Paul sich für halb zwei zu einer Besprechung verabredet hat. Auf Pauls Bitte führt John, der zu der Besprechung offenbar nicht benötigt wird, die Probe weiter und übernimmt auch Pauls Gesangspart. Ein erster Versuch, den Song nochmals komplett durchzuspielen, mißlingt, weil John beim Übergang von Pauls zu seinem eigenen Gesangspart ins Straucheln gerät, doch nach diversen Detailfeilereien (bei denen George drauf hinweist, daß eins der Riffs aus Buddy Hollys *Words Of Love* abgekupfert ist) schaffen sie schließlich ein holperiges Komplettdurchspiel von I'VE GOT A FEELING (3:04), das zwar nicht wirklich überzeugt, aber andeutet, daß auch John den Song hätte komplett singen können. Er entspannt sich rasch mit einem Teilvortrag von Dylans RAINY DAY WOMEN #S 12 & 35 (0:43), bei dem er wie üblich mit mangelnder Textkenntnis kämpft, dann folgt eine längere, weitgehend instrumentale Probe von I'VE GOT A FEELING (4:17), bei der George seiner Gitarre mandolinenartike Effekte entlockt, und schließlich Detailarbeit an Billys E-Piano, von dem John will, daß es klingt wie in *Rainy Day Women*. John treibt die Probenarbeit durchaus kompetent und zielstrebig voran, scherzt dabei allerdings auch, Paul werde wohl alles wieder rückgängig machen, was sie jetzt änderten.

Bei der weiteren Detailarbeit fühlt sich John von Georges Gitarre an den indischen Klang eines Harrison-Songs erinnert, den er daraufhin anstimmt: THE INNER LIGHT (0:29). Ein weiteres schlaffes Komplettdurchspiel von I'VE GOT A FEELING (3:41), bei dem Billy teilweise Pauls Gesangspart übernimmt, und die anschließenden Detailproben klingen so, als bräuchten alle eine Pause; in dieser Stimmung verüben sie grausam klingende Attacken auf Jimmie Rodgers' BLUE YODEL NO. 1 (T FOR TEXAS)

(0:17), den Musical-Standard TEA FOR TWO (0:25) und ihr eigenes improvisatorisches DIG IT (1:00), unterlegt mit den Akkorden aus *I've Got A Feeling*. Inzwischen ist es fast halb drei, Paul ist immer noch nicht wieder da, und John fragt George, ob sie ohne ihn überhaupt weitermachen sollten. Er selbst will's offenbar nicht und schwärmt von einer Unterredung, die er kurz zuvor (vermutlich am Telefon) geführt hat, und zwar mit dem amerikanischen Geschäftsmann Allen Klein: „Ich glaube einfach, der ist phantastisch. Er weiß alles über alles und jeden. Du mußt ihn einfach mal treffen. Unglaublich. Der weiß sogar, was wir für Typen sind. Der kennt uns schon so gut, wie du und ich uns kennen! Ich war ganz perplex. Er hat eine tolle Idee für Biafra. Die Stones-Show – er wird eine LP draus machen, er wird ein Buch draus machen, einfach alles. Er wird eine LP mit allen machen, die dabei waren, um von dem Geld Lebensmittel für die Menschen in Biafra zu kaufen." George gefällt das: „Dann würden wir also etwas auf die Beine stellen, bevor die Politiker es sich unter den Nagel reißen!" John schwärmt noch ein wenig weiter von Kleins Fähigkeit, Gutes zu tun und dabei Ruhm und Geld zu mehren – und dann fragt er George: „Sollen wir noch weitermachen, oder lieber zu *On the Road to Marrakesh* wechseln?"

Zunächst bleiben sie noch beim zuletzt geprobten Song; ein Durchspielversuch bricht ab, es folgt eine fetzige up-tempo-Jamfassung von I'VE GOT A FEELING (1:05), und damit ist es dann auch gut. John sagt George die Akkorde zu dem Stück an, das er *On the Road to Marrakesh* nennt, sie stimmen ihre Instrumente (John meint: „Erst seit zwei Tagen sind wir ständig mit Stimmen beschäftigt, seit wir beschlossen haben, was aufzunehmen"), und dann proben sie ein Weilchen im Stop-and-go-Verfahren CHILD OF NATURE (2:28 / 2:47+). Lange währt dieses recht lahme Treiben allerdings nicht. Endlich gesellt Paul sich wieder zu ihnen, und die nächste Dreiviertelstunde (unterbrochen noch von einer längeren Essenspause) gehört der Arbeit an DIG A PONY. Neben allerlei Teilfassungen kriegen sie vor der Essenspause ein mediokres Komplettdurchspiel von DIG A PONY (3:43) hin; nach dem Essen nutzt Paul das dringend notwendige Instrumentestimmen, um sich selbst mit einem improvisierten Falsettgesang über einen wohl improvisierten Text mit der Schlüsselzeile „I will always look for you" (1:13) wieder auf Betriebstemperatur zu bringen. Etliche Versuche, einen Take mitzuschneiden, mißlingen aus verschiedenen Gründen, und die drei Takes von DIG A PONY (3:56 / 3:41 / 3:43), die Glyn Johns schließlich auf Band bekommt, sind alle ziemlicher Murks. John möchte mit einem anderen Song weitermachen, und sie kriegen einen allerdings viel zu langsamen Take von GET BACK (3:54) zustande, gefolgt von einer Teilprobe. Das Spielniveau leidet unter den permanent verstimmten Instrumenten, zudem stellt George die Sinnfrage: „Haben wir nicht schon einen guten Take von dem Song?" Johns Antwort: „Ja, aber vielleicht kriegen wir einen *richtig* guten hin." Darauf George: „Vielleicht brauchen wir auch noch einen *richtig* guten von *Love Me Do?*" Konsequenterweise holpern sie sich unter allerlei Albernheiten durch LOVE ME DO (2:24).

John stimmt erneut DIG A PONY (0:09) an, vielleicht will er an diesem Song weiterproben, doch Paul setzt, unterstützt von der kompletten Band, eine Variation über TEDDY BOY (0:33) dagegen, und schließlich entscheiden sie sich, einen weiteren Take von GET BACK (3:51) zu versuchen, der tatsächlich sehr ordentlich gerät (ein Ausschnitt der Coda wird später mit dem besten Take des Vortags zusammengeschnitten und ergibt die Single-Fassung, außerdem geht sie in den Film *Let It Be* ein). Glyn Johns behauptet sogar, besser als auf diesem Take sei der Song nicht zu spielen – also versuchen sie es auch gar nicht, und Paul fragt John, welchen seiner Songs sie jetzt anpacken sollen. Nach einigen Bruchstücken gelingt ihnen dann auch noch ein absolut tadelloser Take von DON'T LET ME DOWN (3:32); dies ist der Take, der schließlich auf der Rückseite der Single *Get Back* landen wird. Ihrem Vorsatz gemäß, die Stücke ineinander übergehen zu lassen, schließen sie sofort I'VE GOT A FEELING (3:48) an (jetzt wieder ohne Georges Mandolineneffekte), doch der Höhepunkt ihrer Konzentrationsfähigkeit ist wohl schon überschritten, der Take wird etwas zu schroff (John singt Zeilen aus *Rainy Day Women* hinein, das er heute offenbar gar nicht aus dem Kopf bekommt). George weist Mal Evans an, eine Flasche Wein zu holen, dann versuchen sie sich nach kurzer Detailfummelei nochmals an dem Songdoppel, doch DON'T LET ME DOWN (3:39) klingt jetzt ziemlich schief, und I'VE GOT A FEELING (0:03) krepiert gleich zu Beginn. John ruft jetzt auch nach Wein und initiiert die gemeinsame Flucht in ONE AFTER 909 (3:01) – dabei haben sie viel Spaß, aber ernsthafte Probenarbeit ist etwas anderes.

Fragt sich, ob ernsthafte Probenarbeit überhaupt möglich ist – sie ist es nicht, meint John, weil das Klavier erst gestimmt werden müsse, und er wolle seine Stimme nicht für nichts und wieder nichts ruinieren. Drum wird auf seinen Vorschlag noch ein Take jenes Songs eingespielt, auf dem er nicht kreischen muß: I'VE GOT A FEELING (3:41). Auch dieser Take ist allerdings eher unter spaßigen als unter musikalischen Gesichtspunkten von Interesse, ebenso wie ein weiterer Take von ONE AFTER 909 (2:59), der zwischen krepierenden Teilproben eingespielt wird.

In dieser Situation tun sie etwas höchst Sinnvolles, indem sie nämlich zu einem Song weitergehen, bei dem John nicht singen muß und der sich auch noch nicht im Aufnahmestadium befindet – fast eine Stunde proben sie Georges neues Stück OLD BROWN SHOE. Neben diversen Teilproben entstehen vier komplette Versionen von OLD BROWN SHOE (2:44 / 2:59 / 2:25 / 3:04), die anfangs vor allem unter Johns stümperhaftem Gitarrenspiel leiden, aber dann bald hörbarer ausfallen, auch wenn dem Stück noch ein schlüssiges Ende fehlt. George möchte, daß Billy Klavier spielt, damit er selbst an die Gitarre kann, und als diese Idee schließlich umgesetzt wird, ist das eine spürbare Verbesserung. Auch John hat Vorschläge, er findet, dem Song sollte starkes Echo beigemischt werden wie einem Gene-Vincent-Knaller, außerdem schlägt er vor, den Song in A statt (wie George meint) in D zu spielen (das wird probiert, klingt aber nicht), und versucht eine Begleitung aus harten Gitarrenlicks, die freilich unpassend sind. Als George schließlich die Gitarre übernommen hat, sucht John sich ein anderes Instrument – irgendwo findet er ein Stylophon (ein kurioses Tasteninstrument, das mit einem Stift bedient wird und zumindest in Johns Händen eher wie ein Kinderspielzeug klingt).

Schließlich unterbrechen George und Billy die Probe, die ohnehin schon in kurze Improvisationen zerfasert ist, indem sie die Band in eine vergleichsweise hörenswerte instrumentale Rock-Jam (2:22) führen, dann folgt ein letzter Versuch mit OLD BROWN SHOE (1:28). George, der wohl eine Pause nötig hat, beginnt mit Lindsay-Hogg ein Gespräch über die Videoclips, die dieser für *Hey Jude* und *Revolution* gedreht hat – und John nutzt die Pause für eine Überraschung. Er stimmt nämlich einen brandneuen, wohl noch von niemandem gehörten (möglicherweise sogar frei improvisierten) Song an, I WANT YOU (SHE'S SO HEAVY) (3:39). Das weitgehend instrumentale Stück klingt naturgemäß noch sehr schroff, hat aber genügend Anziehungskraft, um Billy und Ringo sogleich zum Mitmachen zu verführen. Nach der ersten entsteht gleich noch eine zweite, sehr funky klingende Jam-Fassung von I WANT YOU (SHE'S SO HEAVY) (5:33), wiederum in Trio-Besetzung, wobei Billy jetzt einen Teil des Gesangs übernimmt. Schließlich ergreift Billy die Initiative und singt, unterstützt von John und Ringo, einen nicht identifizierten bluesigen Song mit der Schlüsselzeile „Unless he has a song" (3:46) und schließlich Ray Charles' STICKS AND STONES (2:05), dann machen auch sie Pause.

Nach der Pause hat auch George noch einen Song zu bieten, und ganz gegen seine Gewohnheit präsentiert er diesen schon während der Aufnahmen zum Weißen Album komponierten Song in unfertigem Zustand: SOME-

THING. Etwa eine Dreiviertelstunde steht dieses Stück im Mittelpunkt der Probenarbeit; George bringt den Kollegen im Stop-and-go-Verfahren Schritt für Schritt die Akkorde bei. In Melodie und Struktur ist der Song schon weitgehend entwickelt, das Manko besteht darin, daß der Text noch große Lücken aufweist, besonders in der Bridge. George fragt: „Was könnte man da einfügen, Paul?" John meint: „Nimm einfach, was dir gerade in den Kopf kommt – ‚attracts me like a cauliflower' –, bis du das richtige Wort hast!" George probiert es aus: „Attracts me like a pomegranate." Mit dem Problem kämpft er schon länger: „Ich bin damit schon sechs Monate oder so zugange. Nur mit dieser Zeile, meine ich. Mir wollte einfach nichts einfallen." Also füllt er die Lücken erst einmal mit Platzhaltern auf: „What do you know, Mr. Show? I don't know, I don't know." Neben diversen Teil- und Endlosdurchläufen entstehen zwei weitgehende Komplettfassungen von SOMETHING (3:18 / 4:55), aus denen die reizvolle Stimmung des Songs schon gut herauszuhören ist, wenn auch klar ist, daß noch viel Polierarbeit nötig sein wird – für das derzeitige Projekt kommt der Song nicht mehr infrage.

Aber die Zeit drängt, mit dem Projekt weiterzukommen. Paul schlägt vor, die im Prinzip fertigen Stücke einzeln durchzugehen. John witzelt, sie könnten mit *Love Me Do* und *Please Please Me* anfangen und die LP dann *Sleep Of The Beatles* nennen. Von GET BACK (2:48) murksen sie eine in jeder Hinsicht unzulängliche Version, und statt zum nächsten Stück weiterzugehen, fummeln sie an diesem noch weiter; ein zweites Komplettdurchspiel von GET BACK (2:24+) fällt nicht viel besser aus, Paul klingt extrem müde, schlägt aber nochmals vor, Song für Song alles durchzugehen. John arbeitet sich kurz instrumental an BO DIDDLEY (0:36) ab, dann spielen sie zwei komplette und mehrere Teilfassungen von TWO OF US (3:41 / 3:15+), allesamt äußerst lethargisch, und eine gruselige Version von TEDDY BOY (4:10), aus der ein Ausschnitt dennoch später (zusammengeschnitten mit einer Aufnahme vom 24. Januar) auf *Anthology 3* verewigt werden wird. Insbesondere Paul macht einen völlig weggetretenen Eindruck; entweder ist er komplett übermüdet, oder er hat irgendwas intus. Schließlich fragt er: „Sieht einer von euch das hier als Verfertigung eines Albums an, oder meint ihr eher, wir proben einfach, um die Songs einen nach dem anderen live spielen zu können?" George und Ringo meinen, mehr als die Hälfte kriegten sie wohl nicht hin. John: „Sagen wir mal, am Donnerstag schaffen wir die Hälfte. Und dann – sie filmen doch weiter, nicht? Dann machen wir den Rest und spielen die Sachen am selben Ort. Es ist einfach so, daß wir nicht noch fünf, sechs weitere Songs richtig lernen können – das geht einfach nicht." Der Donnerstag, den John erwähnt, scheint inzwischen als Tag des Live-Konzerts auf dem Dach festzu-stehen.

Langsam haben sie sich wohl alle damit abgefunden, daß dies ein unpro-duktiver Nachmittag ist. John: „Immerhin hatten wir einen guten Morgen, und gestern war gut." Er will nicht Songs wie *Don't Let Me Down* oder *I've Got A Feeling* dadurch verderben, daß sie sie durch überflüssige Wieder-holung kaputtspielen, und schlägt vor, mit einem George-Song weiterzu-machen, den sie vor drei Wochen zuletzt geprobt haben – so entstehen jetzt neben Bruchstücken drei komplette Takes von ALL THINGS MUST PASS (0:55+ / 3:00 / 3:07), die naturgemäß die schläfrige Stimmung eher noch verstärken. John und Paul steigen unter Vorwänden zwischendurch aus (John meint, er wisse gar nicht mehr, wie der Song noch gehe, und jammert über seine verstimmte Gitarre; Paul entschuldigt sich damit, daß er gerade nicht gut genug spiele). Nachdem alles überstanden ist, erläutert George noch, er verstehe seinen Song als „psychedelisches Gebet", und stimmt dann (von den anderen rasch unterstützt) eine leicht psychedelisch klin-gende Eigenkomposition an, einen nie veröffentlichten Song mit der Schlüsselzeile „How do you tell someone?" (2:01). Paul antwortet darauf mit einer Art Vaudeville-Song, offenbar einer improvisierten Parodie, mit dem Unsinnstext „Half a pound of greasepaint on your face" (1:35). George scheint aber eher nach Tiefsinn als nach Unsinn zu streben, er singt und spielt Dylans POSITIVELY 4TH STREET (1:14).

John bleibt nicht untätig, sondern vertreibt sich die Zeit mit dem Riff aus *I Want You (She's So Heavy)*. George gefällt das, er bittet John, „das Ganze" nochmals zu spielen, und so folgt eine längliche, auf die Dauer etwas stumpfsinnige Jam über I WANT YOU (SHE'S SO HEAVY) (22:58+), zu der George etliche Ideen und ein jauliges Slidegitarrenspiel beiträgt. Schließlich ist es George, der vorschlägt, den Probentag für beendet zu erklären; niemand widerspricht.

Damit endet ein schläfriger Probentag, dessen Fazit wiederum recht durchwachsen ausfällt. Es war ein langer, aber insgesamt kein sonderlich produktiver Probentag, auch wenn die Beatles (was ihnen aber noch nicht bewußt ist) heute die Rückseite und einen Teil der A-Seite ihrer nächsten Single aufgenommen haben. Mit *I Want You (She's So Heavy)* und *Something* sind aber immerhin zwei Songs erstmals in ihrem Repertoire aufgetaucht, die zwar für das aktuelle Arbeitsprojekt zu spät kommen, jedoch für die Zukunft einiges versprechen; und daß es für die Beatles eine Zukunft geben kann, wird durch den heutigen Tag gerade nicht infrage gestellt. Der Gruppengeist funktioniert im Moment wieder; es ist auffallend, daß Paul und auch John immer wieder George um seine Meinung fragen. Und die alte Partnerschaft Lennon / McCartney ist auch noch (oder wieder) da; als Paul zwischendurch aussteigen muß, übergibt er das Kommando wie selbstverständlich an John, und John zeigt sich (was nicht unbedingt zu erwarten wäre) durchaus in der Lage, die Probenarbeit auf zielstrebige und produktive Weise zu leiten. Der eigentliche Zündstoff dieses Tages ist ein ganz anderer, und zwar einer, der erst sehr viel später explodieren wird – es ist nichts, was mit musikalischen Dingen oder ihrer Probenarbeit zu tun hat, sondern es ist Johns Schwärmerei für Allen Klein.

Generalprobe

Mittwoch, 29. Januar 1969, Apple-Studio

Als die Filmaufnahmen des Tages beginnen, sind von den Beatles nur John und Ringo anwesend; sie frühstücken und amüsieren sich mit fehlerhaften Presseberichten über das Weiße Album. John unterhält sich mit Yoko über ein Buchprojekt und erzählt Ringo, er sei heute mit einem Kater aufgewacht. Ringo: „Wir sollten heute früh fertig werden. Einfach nur die Nummern durchgehen, die Nummern für morgen, fünf oder sechs oder so. So hab ich mir das jedenfalls gedacht!" John: „Glyn kann noch ein paar Tage länger bleiben. Wir könnten also ewig weitermachen!" Ringo erzählt, daß er demnächst für die Aufnahmen des Films *The Magic Christian* in Twickenham sein muß.

Sie schweigen ein Weilchen, dann spricht Ringo Glyn Johns an: „Du verläßt uns also am Donnerstag doch nicht?" Nein, meint der, er könne notfalls auch noch am Wochenende weiterarbeiten. Danach allerdings ist er sechs Wochen weg, und das stimmt ihn ein wenig traurig, denn John deutet an, sie müßten wohl mit ihren Aufnahmen noch weitermachen, um alles in den Kasten zu kriegen, und Glyn Johns bedauert, das Projekt nicht mit den Beatles zu Ende bringen zu können. John: „Du bist ausgerechnet fürs schwierigste Album aller Zeiten zu uns gestoßen! Ich meine, was das Menschliche angeht, zwischen uns. Und du hast das alles mit uns durchgemacht. War nicht gerade einfach." Glyn Johns seufzt nur und grummelt vor sich hin, dann entfährt es ihm doch noch: „Ich hasse es, etwas Angefangenes anderen Leuten überlassen zu müssen!" John: „Kann ich mir vorstellen. Das ist scheußlich." Glyn Johns: „Ich hasse es, wenn andere Leute meine Aufnahmen mixen. Kein Toningenieur kommt wirklich in einen Track rein, den ein anderer aufgenommen hat." John meint schließlich, die Beatles seien immer an den Remixes ihrer Aufnahmen beteiligt und überließen das nie jemand anderem – schon seit Jahren nicht.

Ringo versucht einen Themenwechsel: „Hast du lange mit Allen rumgemacht?" Das bezieht sich auf ein Treffen zwischen John, Yoko und Allen Klein am Vorabend. John: „Wir haben bis zwölf oder nach zwölf gequatscht." Glyn Johns will wissen, ob John Allen Klein schon vorher kannte. John hat ihn beim *Rock and Roll Circus* kennengelernt, aber nur sehr flüchtig. Glyn Johns kennt Klein offenbar schon länger und erzählt leicht erregt, der könne jeden beliebigen Menschen von allem nur Erdenklichen überzeugen: „Ich mag sagen, dieses Klavier ist schwarz, aber er kann mich dazu bringen, daß ich glaube, es sei grün!" Alle gackern, und Yoko meint, das sei Kleins Kick, daß er das Klavier grün machen könne. Glyn Johns fragt sich allerdings auch, ob Klein sich John gegenüber womöglich anders verhalte: „Weil du der bist, der du bist."

Schließlich trifft Michael Lindsay-Hogg ein und berichtet, die Idee mit dem Hubschrauber für das Dachkonzert sei vom Tisch. Das Konzert ist für ein Uhr mittags vorgesehen; auf Nachfrage meint John, sie hätten „ungefähr sechs" Songs dafür fertig. Lindsay-Hogg scheint die Idee des Dachkonzerts nicht zu gefallen, er findet sie altbacken; John und Ringo (der doch sehr gern einen Hubschrauber für das Schlußbild hätte) verteidigen die Idee als etwas, das man zumindest ausprobieren könne. John gehen die Einwände Lindsay-Hoggs offenbar auf die Nerven, er klinkt sich aus und spricht mit Yoko über Kunstprojekte, und schließlich ergreift auch Ringo die Flucht, schnappt sich eine Gitarre, schrammelt Akkorde und versucht sich dann (immer wieder abbrechend) an SINGING THE BLUES (9:26+), wobei Kollege John und dann auch Glyn Johns ihm Griffe beizubringen versuchen. John erklärt Ringo, mit den drei Akkorden, die er jetzt beherrsche, könne er schon die meisten Rock'n'Roll-Standards spielen, die liefen alle nach diesem Akkordwechselschema ab.

Während Ringo weiterschrammelt, stimmt John seine E-Gitarre, spielt RULE BRITANNIA (0:36) und läßt sich schließlich von einem unidentifizierten Gitarrentraktierer (es ist kein Beatle) zu einer stümperigen instrumentalen Duettfassung von Johnny Cashs I WALK THE LINE (0:43+) verleiten. Ringo schrammelt immer noch SINGING THE BLUES (2:08), und Paul, der dazukommt, singt einige Takte mit und behelligt Lindsay-Hogg mit einem Wortwitz („Avant garde a dime!" als Floskel bettelnder Musikstudenten), den dieser allerdings nicht kapiert. Dann wird Paul plötzlich ernst: „Am besten sind wir immer, wenn wir wissen, jetzt müssen wir's packen, es ist ernst. Wir proben und proben und proben, und sowie John hört, daß jetzt ein Take mitgeschnitten wird, legt er sich ins Zeug und macht es toll. Beim ersten Mal, wo es ein richtiger Take ist, geben wir unser Bestes, weil es eine neue Situation ist. Deswegen bin ich immer noch der Meinung, wir sollten eine Videokamera ranschaffen und dann sagen: take it!" Statt der ständig mitlaufenden kleinen Kameras stellt er sich also eine große Fernsehkamera vor, deren Präsenz die Beatles nötigt, auf den Punkt alles zu geben. „Wir brauchen etwas, das uns dazu bringt, die Nummern richtig anzugehen. Wenn wir jetzt in ein TV-Studio gingen und die Nummern spielen müßten, würden wir sie erstklassig spielen. Ich will einen

Take, ein finales Produkt!" Lindsay-Hogg meint, das Spielen vor Publikum könne ähnlich disziplinierend wirken, aber Paul ist skeptisch und zweifelt nun plötzlich am eigentlich beschlossenen Vorhaben: „Ich glaube, das mit dem Dach ist Murks. Die Idee ist abwegig. Auf dem Dach stehen wir im Wind und auch im Regen, wenn's regnet. Wenn wir's schon machen, dann sollten wir – wir sollten alle Nummern einstudieren. Alle, die aufs Album kommen sollen. Und dafür wäre doch noch mehr Zeit nötig. Und außerdem – wenn wir mit dieser Geschichte fertig sind, ich hab so das Gefühl, daß wir dann einfach auseinanderlaufen wie nach Fertigstellung des letzten Albums. Und dann haben wir nichts geschafft außer einem weiteren scheiß Album."

John widerspricht, er sieht nichts Negatives dran, ein Album fertigzukriegen, und er glaubt auch nicht, daß danach keiner mehr arbeiten will: „Ich kann's gar nicht abwarten, wieder zu arbeiten, weißt du." Insbesondere freue er sich, richtig arbeiten zu dürfen, seitdem sie aus Twickenham weg sind: „Hier gefällt es mir, hier fühl ich mich wie zu Hause." Paul meint aber, die Qualität ihrer Arbeit hier im Apple-Studio lasse auch schon wieder nach, der gestrige Tag sei dafür ein Beispiel: „Das einzige, was uns wirklich packt, ist etwas Neues. Wir arbeiten an neuen Sachen. Das ist ein neuer Ansatz – wenn ein erster Take mitgeschnitten wird, dann hängen wir uns rein. Die ersten rohen Abmischungen sind so gut, wir können sie kaum noch verbessern, da steckt soviel drin. Sogar *Teddy Boy*, wo noch nicht mal der Text komplett ist – es steckt soviel drin." John versteht, worauf Paul hinaus will: „Ein neuer Schritt könnte die Antwort sein." Paul: „Das ist die Antwort, die ich Michael gab – er solle einfach von heute auf morgen diesen Ort hier schwarz machen, und wenn wir dann morgens reinkommen, ist es was anderes geworden. Man muß da ein bißchen tricksen, weißt du, sonst laufen wir ewig im Kreis weiter. Wir werden da wirklich nicht rauskommen. Jedesmal, wenn wir drüber reden, kommen so Sachen wie George: ‚Was willst du machen?‘, und er sagt: ‚Keine Filme!‘ Aber das ist falsch, ganz falsch, weil man nicht weiß ... Es soll nicht wieder wie *Help!* oder *Hard Day's Night* werden, und da stimme ich ihm zu, aber das jetzt wird auch ein Film, und das stört ihn nicht." Was Paul selbst stört, ist also, daß bestimmte Dinge von vornherein abgelehnt werden und deshalb keine Chance bleibt, etwas auszuprobieren. Das sei ein Überbleibsel ihrer Anfängernervosität, und die müsse man überwinden, indem man einfach etwas mache.

John versucht, Georges Vorsicht zu erklären, aber Paul ist der Meinung, wer zu vorsichtig sei, verschwende seine Möglichkeiten: „Es gibt eine Show, die wir liefern könnten, basierend auf dem, was wir hier hingekriegt haben, das ist alles ganz unglaublich gut – und man muß nicht aufs Dach steigen, man muß nirgendwo hin, man muß die Sachen einfach nur singen. Und zusammen mit dem dokumentarischen Material über die Entstehung ist das doch einfach unglaublich. Wir brauchen uns nichtmal unbedingt von hier wegbewegen. Wir haben den kompletten Vorlauf, das einzige, was noch fehlt, sind die Songs am Ende – *Get Back* ist am nächsten dran." John meint, morgen sei der Tag, an dem der fehlende Schlußpunkt gesetzt werde, doch Paul ist anderer Meinung: „Für wen ist morgen der Tag, wo wir's machen sollen? Für mich jedenfalls nicht. Es wird morgen wieder das selbe sein, außer daß wir halt aufs Dach steigen." George Martin wirft ein, sie bräuchten nun mal eine Deadline, und die müßten sie sich selbst setzen, weil sie Termine, die ihnen von anderen gesetzt würden, nicht akzeptierten. Paul: „Darum rede ich ja mit John und nicht mit dir!" Lindsay-Hogg will auch etwas sagen, doch Paul ignoriert ihn: „George wollte das hier ursprünglich so rasch wie möglich abschließen. Die einfachste Möglichkeit, diese Show abzuschließen, besteht darin, hier einfach noch ein paar Tage zu sitzen, zu proben und zu proben und zu proben, alle Nummern, und dann etwa heute anzufangen und drei Nummern zur Zeit vorzunehmen und so, wie George das wollte, ein Programm aufzustellen, was wir machen wollen und in welcher Reihenfolge – und das dann durchzuziehen, bis wir alles erledigt haben." John: „Ja, ja – ich dachte, das ist genau das, was wir machen, aber morgen ist der Tag, auf den das alles hinlaufen soll, aber bis dahin haben wir nur eine Handvoll Nummern."

Während Ringo wieder mit SINGING THE BLUES (2:04) anfängt, klagt Paul, das ganze Projekt sei halt anders gelaufen, als er es sich vorgestellt habe. Noch immer würde er nichts lieber tun, als ihre neuen Songs mit einem Überraschungsauftritt im Saville Theatre vorzustellen und dann, um die anfängliche Nervosität zu bekämpfen, Auftritte an anderen Orten anzuschließen. John meint, auch beim *Rock and Roll Circus* hätte er seine Nummer *Yer Blues* mehrmals spielen müssen, anfänglich ohne Publikum, um das Lampenfieber zu überwinden. Aber jetzt ist er dafür, den Plan mit dem Konzert auf dem Dach auch zu verwirklichen – entweder komme dabei das heraus, wonach sie alle suchten, zumindest als Probe für größere Dinge, oder es sei halt einfach eine Fortsetzung ihrer Probenarbeit.

George kommt hinzu und bekundet sogleich, wie schön es wäre, hätten sie noch weitere sechs Wochen. John findet, ein Monat würde reichen, um vierzehn Songs für ein Album hinzukriegen. Das bringt Paul wieder auf den Plan, der eben nicht einfach ein Album machen wollte, sondern mehr – und nun hätten sie tatsächlich weniger als ein Album, nämlich nur „sieben

Songs", wie John meint. Aber John will zumindest diese sieben nun auch spielen, weil Ringo seine Filmverpflichtungen erfüllen müsse und die Zeit, mehr hinzukriegen, jetzt halt nicht da sei. Paul: „Das Dumme ist nur, die einzigen Personen, die sich über das einig werden müssen, was passieren soll, sind wir vier, und wir hatten vor dem allen hier unsere Besprechung und sagten: ‚TV-Show.' Deshalb dachte ich bis vor kurzem, es ist also eine TV-Show, auf die wir hinarbeiten – aber es ist statt dessen ein Album, das muß erstmal in meinen Kopf rein!" George: „Aus all diesen Massen an Filmaufnahmen könnten wir ein rundes Dutzend Filme machen!" Aber das wären alles wieder Filme über die Entstehung eines Albums, und den Gedanken, daß mehr nicht herauskommt, muß Paul immer noch verdauen. Für Glyn Johns erläutert er, was ursprünglich geplant war: „Diese TV-Show sollte eine TV-Show über unser letztes Album sein. Aber als wir dann drangingen, sagten wir, wir schreiben neue Songs, sonst langweilen wir die Leute und so. Aber ich glaube wirklich, wir hätten bei dem Plan bleiben sollen."

George hat eine Frage an Glyn Johns: „Von wie vielen Songs hast du schon Aufnahmen, die gut genug sind?" Die prompte Antwort kommt von John: „Null." George akzeptiert das so nicht: „Was ist mit den vielen Takes von *Get Back*?" John räumt ein, *Get Back* und *For You Blue* (dessen Titel ihm nicht einfällt) seien wohl gut genug. Aber der Rest, da scheinen sich alle einig, befinde sich noch im Probenstadium. John: „Gestern lief gar nichts, weil ich einfach zu müde war. Gestern war das Ergebnis davon, daß wir das Wochenende durchgearbeitet haben, aber ohne das Arbeitswochenende hätten wir jetzt noch viel weniger." Paul und John beklagen gemeinsam, daß die Beatles eben keine wirklich disziplinierte Arbeitshaltung haben, sondern verwöhnte Faulenzer sind, die keinen Chef akzeptieren. Paul möchte schon gar kein Chef sein; ebensowenig möchte er weiter Zeit verschwenden, sondern dieses Projekt jetzt einfach nur noch abwickeln. Dann fragt er rum: „Was haben wir also jetzt für Songs? Gibt's eine Liste der Sachen, die wir bisher gemacht haben?" George Martin hat die Liste, Paul liest die Songtitel vor, zählt sie – und fällt aus allen Wolken: „Das sind ja schon dreizehn, die wir drauf haben! Das sind dreizehn, die wir drauf haben!" Paul kann's kaum glauben und liest die Liste nochmals laut vor – „Tatsächlich, das ist es, es sind dreizehn! Wir sind also schon so gut wie fertig, bloß haben wir es uns noch nicht klargemacht. Die Notwendigkeit, neue Nummern einzustudieren, um genug Material zu haben, besteht also gar nicht." Sogleich wird der eben noch so skeptische Paul richtiggehend euphorisch – und arbeitsam: „Wir sollten unsere Gedanken also jetzt ganz auf diese Songs konzentrieren, einfach mal checken, ob wir alle Texte und alle Noten beisammen haben." Und damit steht das Programm für heute, alle Songs (zumindest diejenigen mit unsicheren Stellen) sollen einmal durchgespielt werden. Beatles und Personal klingen sehr munter, sogar Yoko gackert viel.

Nur Lindsay-Hogg weiß im Moment nicht, wie er mit der Situation umgehen soll, seine Fragen werden nicht wirklich beantwortet – „Wir spielen die Nummern, weißt du, wir sind die Band", sagt Paul ihm, und das Filmische sei halt seine Sache. George, sehr fröhlich, stößt in das selbe Horn: „Was immer du willst, ich mach das, ich steig auch aufs Dach, wenn's sein muß." Ringo und John sind sogar ausdrücklich dafür, auf dem Dach zu spielen, und so ist auch diese Sache nun endgültig entschieden.

Fehlt nur noch die Umsetzung der Beschlüsse. Paul meint, *I've Got A Feeling* bräuchten sie nicht nochmals durchzugehen, damit sei alles klar, sie sollten mit *Dig A Pony* anfangen. John möchte aber seine Stimme schonen und nicht schreien, also singt er DIG A PONY (3:37) leiser und zaghafter als üblich. Instrumental wird es eine ordentliche Probe, nicht zu Unrecht meint Paul anschließend: „Das war gut. Ich mag dies Ding!" Und was nun? Ringo schlägt jenen Song vor, von dem Paul gerade meinte, sie könnten ihn sich schenken, aber Paul ist jetzt guter Laune, also spielen sie sich stimm-schonend, aber sehr sicher durch I'VE GOT A FEELING (3:30). Paul gefällt die gesanglich zurückgenommene Vortragsweise, und in diesem Gestus versuchen sie sich auch an DON'T LET ME DOWN (4:16), allerdings mit Unterbrechungen, weil Paul den Harmoniegesang nachfeilen will. Nach Beendigung des Probedurchspiels werden einige Passagen noch gesondert durchgegangen, dann kommt GET BACK (3:29), wobei John singend den E-Piano-Part nachahmt, da Billy noch nicht da ist. Es folgt ein ungewohnt relaxtes Duchspiel von ONE AFTER 909 (2:50), dem ausge-buddelten Song aus der Beatles-Frühzeit; John erinnert sich bei dieser Gelegenheit: „Ich hab versucht, den Stones diesen Song statt *I Wanna Be Your Man* anzudrehen, aber die wollten ihn nicht." Als nächstes steht ein Song auf der Liste, der noch nicht wirklich intensiv geprobt wurde und deshalb keineswegs perfektioniert ist; nach einem Fehlstart kriegen sie SHE CAME IN THROUGH THE BATHROOM WINDOW (3:06) deshalb nur auf gefällige, aber sehr schläfrige Weise hin. Paul scheint zu merken, daß dieser Song noch Nacharbeitung braucht, geht die Passage mit der Bridge noch einmal durch und läßt sich seine akustische Gitarre geben. Die Kolle-gen jammern, nun breche er aus dem heutigen Probenprinzip aus, aber Paul redet sich heraus: „Nein, nein, das ist nur eine schnelle kleine Geschichte, die ich euch zeigen will; das ist wie *Rock Island Line*." Und so stoppeln sie eine weitgehend akustische Fassung von SHE CAME IN THROUGH THE BATHROOM WINDOW (2:51) zusammen, die zwar der Abwechslung wegen ihren Reiz hat, aber unangenehm an den stumpfsinnigen Sound von *Teddy Boy* erinnert.

Da sie nun schon akustisch gepolt sind, läßt sich organisch ein Durchgang durch TWO OF US (3:38) anschließen, anfangs ein bißchen schräg und zaghaft angegangen, aber doch dann kompetent zu Ende geführt. Als nächstes findet John auf der Songliste das Wörtchen „also", das natürlich kein Songtitel ist – aber Paul improvisiert rasch ein Liedchen mit dem unablässig wiederholten Text „Also lovely beautiful" (0:41). Dann trifft passenderweise Billy Preston ein, setzt sich sogleich an die Orgel, und nun sind Pauls Balladen dran. Paul sagt an, womit sie beginnen wollen: „*Let It Be*." John, der dafür an den Baß muß, fragt scheinheilig: „Welches war das noch? Ach ja. Kevin, besorg uns mal noch ein Glas Wein!" Das folgende Durchspiel von LET IT BE (3:42) tendiert am Ende zu Schlampereien, zumal Paul den Text der dritten Strophe immer noch nicht geschrieben hat. Von THE LONG AND WINDING ROAD (3:36 / 3:29) kriegen sie nach einer murksigen Absturzfassung dann eine ordentliche Komplettfassung hin, aber Paul ist nicht ganz zufrieden und jammert, sie hätten seine beiden Balladen noch kein einziges Mal hundertprozentig gespielt. John möchte, daß er *The Long And Winding Road* wie Ray Charles singt, aber Paul weiß nicht, ob er das hinkriegen könnte.

Paul fragt John: „Bist du noch bei irgendwas am Baß?" John kann erfreulicherweise verneinen, also schauen sie auf die Liste, was überhaupt noch zu spielen ist. John schlägt *Teddy Boy* vor, George ist eher für *Dig It* (das gar nicht auf der Liste steht), dann bringt John aber Georges Blues-Song ins Spiel, sie wechseln und stimmen die Instrumente, George geht noch eben die Akkorde durch, und es folgen zwei halbwegs komplette Versuche mit FOR YOU BLUE (1:41 / 2:30), die beide nicht überzeugen – beim ersten sind die Mikros von John und George noch nicht angestöpselt, beim zweiten ist niemand so richtig auf der Höhe, und auch der Soundeffekt mit dem Papier im Klavier funktioniert heute nicht. Eigentlich hat George eh besseres Songmaterial zu bieten; er spielt kurz einen Schnipsel aus SOMETHING (0:15), aber als Paul, der mitsingt, ihn fragt, ob sie das spielen wollen, muß George leider passen: „Ich muß erst den Text fertig haben." John fällt dabei ein, er habe auch noch ein paar nicht ganz fertige Songs, die sollten dann auf „das nächste Album" kommen: „Ich denk, wir können das nächste Album im Juni oder Juli machen." Wenn man das ordentlich vorplane, müsse er auch nicht wieder alte Kamellen à la *One After 909* ausbuddeln, um etwas zu bieten zu haben.

Wenn *For You Blue* und *Something* nicht funktionieren, bleibt aber noch die Option auf eine andere Harrison-Komposition, und so murksen die Beatles (ohne John, der untätig in ihrer Mitte sitzt, pafft und mit Yoko quatscht) jetzt nach allerlei Bruchwerk zwei Komplettfassungen von ALL THINGS MUST PASS (3:01 / 3:03) zurecht, die zwar – auch durch Billys Einsatz an der Orgel – tendenziell besser ausfallen als die Probenfassungen aus Twickenham, aber den nach wie vor etwas schläfrig und lustlos rübergebrachten Song doch auch nicht unbedingt für ein rockiges Live-Vorhaben empfehlen können. Daß John, von der Orgel befreit, an der Slidegitarre herumfummelt, kommt dem Sound nicht unbedingt zugute.

Die ominöse Liste ist noch nicht abgearbeitet (es fehlen noch *Teddy Boy*, *Maxwell's Silver Hammer* und *Old Brown Shoe*), doch als Paul sich sagen läßt, es sei Viertel nach drei, nimmt John das als Ansage für die Mittagspause auf. George fabuliert von Salaten, dann fällt ihm aber ein, daß er noch einen Song zu bieten hat, er stimmt ihn an, und nachdem die Kollegen (außer John) sich darauf einlassen, entstehen neben Detailproben zwei weitgehend komplette Fassungen von LET IT DOWN (4:41 / 3:02). Unüberhörbar ist, daß das Stück noch viel Probenarbeit bräuchte, um als Beatles-Veröffentlichung zu taugen, aber vielleicht hat George es gar nicht darauf abgesehen. Nachdem er kurz noch eine soulige Duo-Fassung mit Billy ausprobiert hat, meint er: „Wißt ihr, ich hab so viele Songs, daß ich meinen Anteil an Songmaterial auf unseren Alben für die nächsten zehn Jahre zusammen hab. Ich würde darum vielleicht gern ein Album mit Songs machen." John: „Ein eigenes?" George: „Ja. Das wäre nett, vor allem, um sie alle aus dem Weg zu kriegen. Zweitens aber auch, um zu hören, wie ich alleine so rüberkomme." John findet die Idee gut, Paul offenbar auch. George: „Ich meine, es wär schön, wenn jeder von uns auch seine eigenen Sachen machen könnte. Auf die Weise könnte man auch dazu beitragen, daß diese Beatles-Sache besser erhalten bleibt. Alle diese Songs könnte ich natürlich irgendwelchen Leuten geben, aber dann hab ich mir gedacht – ach, scheiß drauf, ich könnte doch auch mal was machen." Sogar Yoko findet: „Hey, das ist eine gute Idee." George: „Diese ganzen Songs von mir – ich könnte die ungefähr in einer Woche hinkriegen. Aufnehmen und remixen und alles. Weil die alle ziemlich schlicht sind, wißt ihr. Ich glaube, die brauchen nicht viel. Mit 'ner Leslie ist es fast schon zuviel, einfach eine Gitarre." Und während Glyn Johns im Hintergrund eine Aufnahme von *Get Back* laufen läßt, spielt George solo mit Leslie-Gitarre nochmals LET IT

DOWN (1:42) – noch deutlicher könnte er kaum machen, daß dies eher ein Solosong als ein Beatles-Song ist.

Ringo hat sich derweil wieder eine akustische Gitarre geschnappt und schrammelt erneut SINGING THE BLUES (1:04), und Glyn Johns spielt nun von Band *Teddy Boy*, sehr zur Freude von Paul, der mitträllert. Es hat fast den Anschein, als seien sie alle schon auf Solopfaden. Aber nicht einzeln, sondern gemeinsam ziehen sie zum verspäteten Mittagessen los.

Als sie zurück sind, ist der Zeitpunkt für musikalische Zerstreuung gekommen; jetzt gibt es keine Liste mehr abzuarbeiten. Sie jammen sehr heavy über I WANT YOU (SHE'S SO HEAVY) (4:47), dann witzelt John, er nehme Wünsche entgegen. George stimmt instrumental SOMETHING (2:40) an, die anderen sind sogleich dabei, John singt das, was er vom Text noch weiß. Dann schlägt John vor, mit Rock'n'Roll weiterzumachen, initiiert statt dessen eine träge Kurzfassung von SEXY SADIE (1:47) und bittet erneut um Songwünsche. Paul bringt einen Song von George ins Spiel, den er „I'd like a love that's right" nennt, doch John meint, den hätten sie schon drauf, und parodiert ihn nur: OLD BROWN SHOE (0:06). Da keiner recht weiß, was sie spielen sollen, jammen sie nochmals recht frei über I WANT YOU (SHE'S SO HEAVY) (1:08), dann improvisiert John einen Klamauksong mit der Eingangszeile „She gets heavy" (0:16). Schließlich ulkt er herum, seine Nummern habe er im Kasten, jetzt könnten sie mit *Maxwell's Silver Hammer* oder *I Me Mine* weitermachen (offenbar zwei Songs, die er gar nicht mag). George antwortet wie aus der Pistole geschossen, *I Me Mine* sei nicht für die Live-Show gedacht – aber ihm fällt etwas anderes ein, und sein Vorschlag wird sofort umgesetzt, nämlich eine neuerliche Jam über Johns ad-hoc-Song DIG IT (6:48), in deren improvisationsfreudigen Text John jetzt die Titel fast aller neuen Beatles-Songs einbaut.

Damit sind sie nun in Stimmung für ihre übliche Oldies-Session. George ruft nach einem Song aus ihrem frühen Repertoire, den Paul sogleich in bester Operettenmanier darbietet: BESAME MUCHO (2:22). Man muß diese von Nat King Cole bekanntgemachte Arie nicht mögen, aber Pauls Stimmeinsatz und Georges spanisch angehauchte Gitarre machen diese Aufführung, die auch im Film *Let It Be* zu bewundern ist, zu einem der wenigen Fälle, bei denen die Beatles im Januar 1969 einen Song gekonnter und überzeugender darbieten als in ihren frühen Jahren. Aber auch die gleich angeschlossene schmachtende Fassung des Coasters-Hits THREE COOL CATS (2:30), sehr engagiert gesungen von George, reicht an die Decca-Probeaufnahme der Beatles von 1962 zumindest heran. Die Beatles sind jetzt in bester Spiellaune, fühlen sich wohl tatsächlich in ihre

Aufbruchsjahre versetzt. Über ein von John gespieltes Chuck-Berry-Riff improvisiert Paul einen Songfetzen mit dem Text „Sorry Miss Molly" (0:11), dann geht es weiter mit Chuck Berrys I'VE GOT TO FIND MY BABY (0:49), einem weiteren Song aus dem frühen Beatles-Repertoire. Während Billy solo einige Takte aus *Some Other Guy* spielt, ruft Paul nach *One After 909*. John grummelt: „Fuck you – das kennen wir doch schon, oder? Reine Zeitverschwendung." Aber er gibt nach, und es folgt ein professionell hingerotztes Durchspiel von ONE AFTER 909 (3:01). Paul meint, mit Klavier klinge das toll (früher am Tag, als Billy noch nicht da war, hatte Glyn Johns hingegen befunden, ohne Klavier klinge es besser, und niemand hatte widersprochen). George fällt auf: „Der Song hat sich über die Jahre sehr verändert – aber wir haben uns auch sehr verändert!" Eine Instrumentalfassung von ONE AFTER 909 (1:20) klingt eher belustigend als musikalisch überzeugend; die Beatles rutschen jetzt zudem wieder in die Niederungen der Probenarbeit, und ein weiteres Durchspiel von ONE AFTER 909 (3:05) klingt wie die Fassung übermüdeter Besoffener.

John startet einen Weckruf in Form von Chuck Berrys VACATION TIME (1:02); der Song zerfällt rasch, aber wenigstens sind sie jetzt wieder ganz im Oldie-Gleis und begeben sich auf eine erneute Tour durch die Vergangenheit, zunächst mit einem lausig gespielten, aber witzigen Medley (4:22), in dem Duane Eddys CANNONBALL, Buddy Hollys NOT FADE AWAY, Dee Clarks HEY LITTLE GIRL (IN THE HIGH SCHOOL SWEATER) und BO DIDDLEY verwurstet werden. Zwischendurch hat Glyn Johns das Bandgerät angeworfen, schaltet aber rasch wieder ab – einerseits verständlich, denn das musikalische Niveau liegt kaum über der Grasnarbe, aber Glyn Johns verpaßt dadurch die nachfolgenden, deutlich besser gespielten Buddy-Holly-Songs: zunächst MAYBE BABY (2:29), dann PEGGY SUE GOT MARRIED (2:20), in das noch einige Schnipsel aus *Thinking Of Linking* eingebaut werden, und schließlich CRYING, WAITING, HOPING (2:40). Den Abschluß der Buddy-Holly-Serie bildet MAILMAN, BRING ME NO MORE BLUES (1:50), eigentlich der schwächste, müdeste dieser Songs, aber jetzt schneidet Glyn Johns wieder mit, und deswegen landet eine zusammenmontierte, verfälschend nachbearbeitete Version dieser Darbietung später auf *Anthology 3*.

Der Spiellaune der Beatles geht die Lust aus, und es wird nicht besser dadurch, daß jetzt Paul doch zur Probenarbeit zurückkehren will. Einer seiner eigenen Songs, der auf der ominösen Liste steht, ist heute noch nicht angegangen worden, also folgt eine längliche Stop-and-go-Probe von

TEDDY BOY (16:40), die zwar anfangs etwas aufgeweckter, auch rockiger klingt als frühere Proben (John amüsiert sich, so gut er kann, indem er Textzeilen aus irischen Gassenhauern dazwischenruft), aber rettbar ist der Song doch nicht, jedenfalls nicht als Beatles-Nummer, und je länger die Probe dauert, desto quälender wird sie.

Als es endlich überstanden ist, meint John: „Wir sind alle bereit für morgen. Albert Hall?" So scherzt er mit Paul, der einen passenden ad-hoc-Song mit der Eingangszeile „Bring your own band" (0:22) improvisiert. John antwortet mit einer fetzigen Kurzfassung von Gene Vincents LOTTA LOVIN' (0:34), und dann legen sie – nach einigen vorbereitenden Akkorden – auch noch eine fröhliche, nicht ganz ernstgemeinte Komplettprobe von TWO OF US (3:26) hin. Anschließend witzelt John: „Wir werden alle bei George zu Hause schlafen, um in die richtige Stimmung zu kommen." Als Lindsay-Hogg um die Songtexte bittet, antwortet Paul: „Wir werden die Begleitband geben, wenn du singst." Es wird abgemacht, sich am nächsten Tag um halb zwölf zu treffen, dann bricht einer nach dem anderen gutgelaunt auf.

Der letzte Tag vor dem (vielleicht doch nicht ganz so großen) Event ist insofern ein außergewöhnlicher gewesen, als wider Erwarten Paul anfangs skeptisch ist und das ganze Projekt infragestellt. Durch die schlagartige Erkenntnis, eigentlich genug Songs für ein Album beisammen zu haben, hat sich diese Skepsis in Euphorie verwandelt, wobei allerdings niemandem recht auffällt, daß nur die Hälfte dieser Songs schon präsentabel ist. Aber die Laune hat sich entscheidend gebessert, alle blicken nach vorn, und zwar nicht nur zu ihrem Auftritt, sondern tatsächlich in eine Zukunft als Band; Johns Ausblick auf zumindest ein weiteres Plattenprojekt ist geradezu beglückend. Es geht weiter!

Rooftop Concert

Donnerstag, 30. Januar 1969, Apple-Studio

Vier Wochen haben die Beatles unter erschwerten Bedingungen geackert; heute wollen sie anfangen, die Ernte einzufahren. Auf dem Dach des Apple-Gebäudes in der Savile Row ist eine Bühne hergerichtet worden. Sowie die Beatles dort auftauchen, stellen sich rundherum (auch auf den umliegenden Dächern) etliche Schaulustige ein; das eigentliche Publikum des Auftritts sind aber die Filmkameras. Zusätzlich zu den zwei während der letzten vier Wochen eingesetzten Kameras sind noch weitere im Einsatz; mehrere filmen das Geschehen direkt an Ort und Stelle, eine vom Dach des Gebäudes gegenüber (das ist der Ersatz für den nicht beschaffbaren Hubschrauber), zwei weitere werden unten auf der Straße eingesetzt, um Reaktionen von Passanten einzufangen, die teils erfreut, teils aber auch verärgert reagieren, außerdem ist eine versteckte Kamera im Apple-Eingangsbereich installiert.

Die Beatles bauen sich etwas anders auf als bei früheren Live-Auftritten, bei denen John (vom Publikum aus gesehen) stets außen rechts, Paul meist links und George in der Mitte stand. Jetzt ist links das Keyboard von Billy Preston postiert, George drückt sich rechts ein bißchen aus der Schußlinie, in der Mitte vor Ringo stehen John (erstmals seit vier Wochen ohne Yoko an der Seite!) und Paul. Da die meisten Shots sich auf die vier Beatles konzentrieren, hat es tendenziell den Anschein, als stehe John im Zentrum. Lausig kalt und windig ist es hier auf dem Dach, Ringo hat sich deshalb die rote Regenjacke seiner Frau übergezogen und John einen Pelzfummel von Yoko, auch George trägt eine zottelig-pelzige Jacke, nur Paul verzichtet auf derlei und tritt leger im schwarzen Sakko auf. Glyn Johns bleibt unten im Kontrollraum des Studios und schneidet von dort alles mit; über Kabel ist er mit den Beatles verbunden. Es ist Mittag, kurz vor 13 Uhr.

Zum Warmmachen spielen die Beatles den Refrain dessen, was sie für ihre stärkste Nummer halten, dann folgt ein kompletter Take des Stücks: GET BACK (3:05). Diese erste Fassung ist recht ungehobelt, John und George spielen sehr schludrig, aber Paul singt engagiert, ihm ist die Freude anzumerken, endlich wieder live zu spielen. Bei Laune sind sie alle; John singt und spielt einige Takte I WANT YOU (SHE'S SO HEAVY) (0:18), dann singt Paul den Titel von *Don't Let Me Down*, doch statt sich diesen Song vorzunehmen, spielen die Beatles noch eine zweite Fassung von GET BACK (3:04), diesmal sehr viel konzentrierter, und dann folgt eine schön kompakte Fassung von DON'T LET ME DOWN (3:12), die nur den Makel hat, daß John in der ersten Strophe der Text nicht einfällt und er statt dessen Phantasieworte singt. (Teile dieser Aufnahme werden Jahrzehnte später für *Let It Be ... Naked* verwendet.) Ohne Pause schließen die Beatles sofort einen absolut perfekten Take von I'VE GOT A FEELING (3:30) an, der später (nachbearbeitet) auf der LP *Let It Be* und auch auf *Let It Be ... Naked* erscheinen wird. „Oh, my soul!", singt John anschließend, fragt sich aber, ob sie unten auf der Straße wohl richtig zu hören seien. Lindsay-Hogg schlägt vor, er solle sich über die Dachkante beugen, um sich den Leuten zu zeigen, aber darauf geht John nicht ein.

Billy läutet ein kurzes Anspiel des nächsten Songs ein, bevor der ebenfalls perfekt vorgetragen wird, sofern bei diesem polternden Song Perfektion überhaupt möglich ist: ONE AFTER 909 (2:46); John hängt an das Ende noch einen Schnipsel aus dem Traditional DANNY BOY (0:06) an, und all das zusammen wird später für die unveröffentlichte LP *Get Back* und auch für die LP *Let It Be* ausgewählt. „Was kommt als nächstes?", fragt Lindsay-Hogg; es kommt der einzige Song, den sie noch in petto und gut genug drauf haben, um ihn zu präsentieren: DIG A PONY (3:44). Auch dies wird ein ordentlicher Vortrag (nicht zuletzt, weil Kevin Harrington mit dem gut lesbaren Text vor John kniet); dieser Take wird später auf der LP *Let It Be* landen, allerdings gekürzt um die Zeile „All I want is" an Anfang und Ende.

John jammert, ihm werde kalt; Glyn Johns muß das Band wechseln, und die Beatles rotzen eine E-Gitarren-Fassung von GOD SAVE THE QUEEN (0:32) hin. Ihr Repertoire ist schon erschöpft, also spielen sie nochmals I'VE GOT A FEELING (3:33), allerdings ist diese zweite Version weit weniger perfekt als die erste und höchstens von Interesse, weil George hier ansatzweise nochmals die Mandolineneffekte anwendet, die er zwei Tage zuvor während Pauls Abwesenheit ausprobiert hat. John schmuggelt in den Text zudem die Refrainzeile „Everybody must get stoned" aus dem Dylan-Song *Rainy Day Women #s 12 & 35* ein, den er zwei Tage vorher bei den Proben mehrmals angesungen hat. Nach dem Ende des Stücks trällert John noch eben die Irving-Berlin-Schnulze A PRETTY GIRL IS LIKE A ME-LODY (0:05) an, dann möchte er mit *Get Back* weitermachen, doch Paul unterbricht das und sorgt dafür, daß sie statt dessen eine zweite Fassung von DON'T LET ME DOWN (3:19) spielen. Der Grund ist natürlich, daß John die erste textlich vermurkst hat und Paul gerne einen perfekten Take auf Band haben möchte, aber diesmal schafft John es, schon bei der allerersten Textzeile zu straucheln, und deswegen wird der Rest des Songs dann nicht mehr ganz konzentriert gespielt. (Für *Let It Be ... Naked* werden schließlich die besten Passagen dieser Fassung mit den besten der früheren zusammengeschnitten.)

Gleich nach dem letzten Takt spielt George das Eingangsriff von GET BACK (3:01), von dem sie nun also noch eine dritte Fassung spielen, die allerdings ein wenig zerfahrener wirkt als die früheren – zum Teil liegt das daran, daß die Gitarrenverstärker am Ende der ersten Strophe ausfallen (George bringt das rasch wieder in Ordnung), zum Teil auch daran, daß inzwischen Polizisten auf dem Apple-Dach erschienen sind, die Klagen über Ruhestörung und die durch den Tumult ausgelösten Verkehrsstaus in den umliegenden Straßen nachzugehen versuchen und durch ihre reine Anwesenheit schon für Unruhe sorgen. Es sind alles junge Beamte aus der Beatles-Fangeneration, die erleichtert sind, nicht direkt einschreiten zu müssen, weil ihnen gesagt wird, nach dem jetzt gespielten letzten Stück sei ohnehin Schluß mit der ‚Ruhestörung‘. Paul allerdings, dessen Vortragsstil bei diesem letzten Take frischer und animierter denn je ist, macht sich die Situation zunutze, indem er den Text entsprechend abwandelt: „We've been playing on the roof together, and that's no good. Cause you know your mummy doesn't like that. Or she gets angry. She'll gonna have you arrested!" Und dann in direkter Ansprache der Polizisten: „Oh, get back!" Musikalisch ist dies natürlich nicht der beste Take, die spätere Veröffentlichung auf *Anthology 3* ist wohl nur der Kuriosität geschuldet – und der Tatsache, daß dies der Schlußpunkt des letzten öffentlichen Beatles-Auftritts ist. Die Beatles haben ihr Repertoire präsentablen neuen Live-Materials erschöpft und verziehen sich vom kalten Dach ins warme Studio, nachdem John zum Geklatsche der Umstehenden noch seine Absage gemacht hat: „Ich möchte danke sagen im Namen der Gruppe und unserm eigenen und hoffe, wir haben das Probesingen bestanden!" (Diese Absage ist auf der LP *Let It Be* zu hören, angehängt allerdings an einen Take, der drei Tage zuvor im Studio aufgenommen wurde.)

Im Kontrollraum hören sich die Beatles gleich die mitgeschnittenen Aufnahmen an und sind verständlicherweise sehr zufrieden; Pauls These, daß sie punktgenau vorzügliche Arbeit abliefern können, wenn es nötig ist, hat sich bestätigt. Selbst George Martin, der dem ganzen Projekt von Anfang an skeptisch gegenüberstand (und nie ernsthaft involviert war), gibt zu, die Aufnahmen heute seien besser geworden, als er erwartet habe. John meint, seine Gesangspatzer auf *Don't Let Me Down* könne man sicher durch geschickte Montageschnitte ausbessern, und nachdem sie die zerfallende letzte Version von *Get Back* durchgehört haben, hat auch George noch eine Idee: „Wenn wir die Polizei drauf haben, könnten wir im Film so tun, als hätten wir ihretwegen abbrechen müssen!" Genau diesen Eindruck wird Lindsay-Hogg später im Film *Let It Be* durch geschickte Schnitt- und Montagetricks erzielen, und damit hat er als Schlußsequenz genau jenen dramatischen Höhepunkt, den er sich von Anfang an wünschte. (Noch hübscher wär's natürlich gewesen, hätten die Polizisten die Beatles gewaltsam vom Dach geholt.) Alle fünf Songs, die die Beatles auf dem Dach gespielt haben, sind im Film zu sehen: *Get Back* (zweite Fassung), *Don't Let Me Down* (erste Fassung), *I've Got A Feeling* (erste Fassung), *One After 909*, *Dig A Pony* und nochmals *Get Back* (letzte Fassung). Es überwiegen kurioserweise Songs aus Johns Feder, obwohl John doch lange Zeit Mühe hatte, überhaupt Material vorzulegen; das Dachkonzert und seine filmische Darstellung stützen insofern die Fehleinschätzung, John sei immer noch der Boß der Beatles, auch dadurch, daß er in der Bühnenmitte steht und die Schlußabsage macht. George wiederum verzichtet – wie schon am 7. Januar angekündigt – ganz auf eigene Songs.

Rest

Freitag, 31. Januar 1969, Apple-Studio

Nach dem Dachkonzert und dem anschließenden Abhören der Bänder hatte Paul vorgeschlagen, nur eben etwas zu essen und dann gleich im Studio „den Rest" aufzunehmen, doch das wurde nicht realisiert, vielleicht auch, weil die Filmcrew samt Equipment sich erst neu hätte in Position bringen müssen. Also ist die Aufnahme der noch fehlenden Songs auf den heutigen Tag verschoben worden, sie sind nun wieder im Studio wie die Wochen zuvor, spielen allerdings (teils im Stehen) frontal für die Kameras – das sind jetzt keine Proben mehr, sondern die Beatles simulieren einen Auftritt ohne Publikum. Gehen soll es vornehmlich um die akustischen Songs, die sich auf dem Dach schlecht spielen ließen, also Pauls Balladen und die ebenfalls von Paul geschriebene Anrufung des Gemeinschaftsgefühls, die sie zu Beginn des Arbeitstages erst einmal anspielen: TWO OF US (1:53+). Dieser Auftakt klingt allerdings schräg und schläfrig, außerdem gibt es technische Probleme mit den Mikros, und während diese Probleme gelöst werden, lockern sich auch die Beatles, nämlich mit einer Reihe Oldies zum Wachwerden. Den Anfang macht Paul, er singt ein folkloristisch klingendes Liedchen mit der Eingangszeile „There has been a soldier and a wild and pretty maid" (0:38), das er möglicherweise ad hoc improvisiert; John kontert das mit einer hingeschlunzten Version von Hank Williams' HEY GOOD LOOKIN' (0:55). Da sie akustische Instrumente in den Händen halten, klingen die Beatles wieder nach frühen Skiffle-Zeiten, dies auch bei dem folgenden gemeinsamen Medley aus den Lonnie-Donegan-Songs TAKE THIS HAMMER (3:11) und LONG LOST JOHN (1:18), Johnny Cashs FIVE FEET HIGH AND RISING (0:15), der obskuren Jimmie-Davis-Nummer BEAR CAT MAMA FROM HORNER'S CORNER (0:58), dem Folk Song BLACK DOG (1:33), Carl Perkins' RIGHT STRING, WRONG YO-YO (0:52) und schließlich ihrem eigenen RUN FOR YOUR LIFE (0:42). Das hört sich ganz lustig an, man kann aber nicht behaupten, daß es sich um einen musikalischen Hochgenuß handeln würde, und so ist es eine Erlösung für alle Ohren, als die Mikrophonprobleme gelöst sind und die ernsthafte Arbeit weitergehen kann.

Nach einem Fehlstart kriegen sie einen kompletten Take von TWO OF US (3:34) hin, der leider unter verlangsamtem Tempo, Johns verstimmter Gitarre und allgemeiner Zähigkeit leidet. John meuchelt rasch eben den

Cole-Porter-Song FRIENDSHIP (0:13) und das Traditional TURKEY IN THE STRAW (0:11), dann folgt ein weiterer Take von TWO OF US (1:41), auf Georges Hinweis jetzt schneller gespielt, aber wiederum recht scheußlich und am Ende gnädig abgebrochen. Jetzt ist es an Paul, für Abwechslung zu sorgen, er stimmt sein Liedchen STEP INSIDE LOVE (2:21) an, im Vorjahr für Cilla Black geschrieben und jetzt (unter Einsatz aller Beatles) eher veralbert als vorgetragen. John und George jammern, ihnen sei kalt; John rafft sich trotzdem zu einem weiteren Anschlag auf FRIENDSHIP (0:40) auf, inklusive der Textvariante „If you're ever in the shit, grab my tit"; Paul antwortet mit TALES OF FRANKIE RABBIT (0:44), einem Song des Duos Drew & Dy, der im Vorjahr als Demo für Apple aufgenommen, aber nie veröffentlicht wurde.

Nach einer unernsten Ansage von John („Wir präsentieren die Beatles, halb tot, halb live") versuchen sie im flotten Tempo einen weiteren Take von TWO OF US (3:24), Take 11, diesmal absolut perfekt, wenn man einmal davon absieht, daß es für die vier Strophen nur drei Textteile gibt und der dritte einfach zweimal gesungen wird. (Dieser Take ist nicht nur im Film *Let It Be* zu sehen, sondern auch auf der gleichnamigen LP zu hören.) John scheint sich zu freuen, daß sie es geschafft haben, er stimmt ein fröhlich-albernes Medley (1:19) an, gemischt aus dem Standard DEED I DO, Tony Bennetts IN THE MIDDLE OF AN ISLAND und ihrem eigenen ALL TOGETHER NOW, und dann fragt er Glyn Johns: „War's das? Haben wir's im Kasten?" Paul meint, sie sollten's genauso noch einmal machen; John witzelt: „Ich werde nur dafür bezahlt, es einmal zu machen!" Es folgt also noch ein Take von TWO OF US (3:35), fast identisch mit dem vorherigen (die Pfeifeinlage am Schluß ist im Film *Let It Be* an den vorherigen Take geschnitten); gleich im Anschluß ziehen sie noch kurz Elvis' I GOT STUNG (0:13) durch den Kakao, dann will John mit der nächsten Nummer weitermachen.

Aber welche soll das sein? Paul schlägt scherzhaft seinen Cilla-Black-Song vor, also gibt John eine Parodie auf STEP INSIDE LOVE (0:09) zum Besten. Paul hat noch einen Vorschlag, und auch der wird von John (unter Beteiligung der ganzen Band) skiffleartig parodiert: LET IT BE (0:17). Paul setzt sich ans Klavier, spielt und singt nun selbst (und weniger parodistisch) LET IT BE (0:15), aber als George ihn fragt, ob er denn inzwischen den Text komplettiert habe, fällt Paul ein, daß er das nicht hat, also wechselt er rasch die Pferde und schlägt vor, mit seiner anderen Klavierballade weiterzumachen. Erst einmal spielt er sich solo in THE LONG AND WINDING ROAD (0:59) ein, während die anderen sich noch bereitmachen, schaltet dann nochmals LET IT BE (0:37) ein, weil George Textvorschläge hat, und dann endlich soll es ernst werden; eine gute Arbeitsstunde lang werden sie sich nun ausschließlich mit THE LONG AND WINDING ROAD beschäftigen. Erst einmal quälen sie sich durch eine weitere dieser langen Endlosschleifen-Proben, die sie eigentlich doch hinter sich haben sollten; Paul will immer noch Detailverbesserungen anbringen, vor allem an Billys Part. Anschließend kriegen sie neben weiteren Detailproben und Rohrkrepierern vier komplette Takes von THE LONG AND WINDING ROAD (3:28 / 3:26 / 3:28 / 3:29) hin, ohne daß ein einziger davon richtig überzeugen könnte. Nicht nur Johns Baß-, sondern auch Georges Gitarrenspiel ist einer Beatles-Aufnahme ziemlich unwürdig. Schließlich schlägt Paul vor, zum Essen zu gehen; es ist Viertel nach drei.

Als sie zurück sind, spielen sie erst einmal eine bröckelige Jam-Fassung von LADY MADONNA (3:47+), bei der Paul den Vortragsstil Fats Dominos imitiert, und dann folgen neben Teilfassungen zwei weitere komplette Takes von THE LONG AND WINDING ROAD (3:32 / 3:35); am besten gelingt der etwas ruhiger als zuvor gespielte letzte, Take 19, der folglich in den Film *Let It Be* eingehen (und sehr viel später dann auf der CD *Let It Be ... Naked* Verbreitung finden) wird. Die Beatles sind zufrieden – oder vielleicht nur zu überdrüssig, um's noch weiter zu versuchen. John verleiht seiner Freude, es geschafft zu haben, Ausdruck, indem er eine (großteils von Paul gesungene und etwas dumpfe) Jam über I WANT YOU (SHE'S SO HEAVY) (5:27) initiiert – vielleicht die beste Methode, jetzt neue Energie zu tanken.

Aber da ist ja noch Pauls zweite Klavierballade; die restlichen anderthalb Arbeitsstunden gehören nahezu ausschließlich der Arbeit an LET IT BE. Paul versucht, in letzter Sekunde noch den Text komplettiert zu kriegen, und bittet George, eine Passage zu singen. Als Paul sagt, das Tempo sei zu langsam, rotzt die komplette Band eine uptempo-Kurzversion von LET IT BE (0:20) hin, die natürlich nicht ernstgemeint ist, aber andeutet, mit welchen Methoden die Beatles, wenn sie gut drauf sind, allzu penetrante Studioarbeit aufzulockern verstehen. Der Auflockerung dient – im Anschluß an einen ersten kompletten, aber von Albernheiten durchsetzten Take von LET IT BE (3:50) – auch eine fetzige Kurzfassung des Foundations-Hits BUILD ME UP, BUTTERCUP (0:40), ebenso – nach einem abgebrochenen und zwei zähen kompletten Takes von LET IT BE (2:25 / 3:48 / 3:44) – ein Ausbruch in Elvis' PARTY (1:40), seit Wanda Jacksons Version als *Let's Have A Party* bekannter. Aber die Arbeit an Pauls Song hat Vorrang, so nervig es auch ist, daß sie damit nicht recht vorankommen. „Wenn's so weitergeht, krieg ich *Maggie Mae* nie fertig", witzelt John, der außerdem gern Textvarianten singt: „And in my hour of darkness, she is standing left in front of me, squeaking turds of whisky over me." Vor einem der Takes fragt er: „Sollen wir im Solo kichern?" Pauls knappe Antwort: „Ja!"

Dann hat John ein anderes Problem, er muß mal auf Klo, und die anderen nutzen die Gelegenheit, in den Kontrollraum zu gehen und sich einen der letzten Takes von Pauls Song anzuhören. Glyn Johns ist der optimistischen Ansicht, wenn John beim nächsten Take seinen Baßpart richtig hinkriege, sei die Aufnahme perfekt. Lindsay-Hogg will wissen, welches Stück sie danach machen wollen – wie wär's mit *Teddy Boy*? Paul: „*Teddy Boy* ist eigentlich ... damit haben wir's so weit getrieben, wie wir's treiben können." *Old Brown Shoe*? George meint, das sei noch nicht weit genug, und Paul ergänzt, sicherlich nicht zur allseitigen Freude: „Vielleicht können wir nach einer Woche oder so wieder herkommen." Und *All Things Must Pass*? Keiner sagt zunächst was, dann rafft sich George auf: „Weißt du, ich glaube nicht ... Müssen wir sie denn alle filmen? Jeden einzelnen Song? Wenn wir nur unsere normale Beleuchtung hätten und ihr diesen ganzen Krempel wegnehmen würdet, könnten wir's auch schnell hinkriegen. Paul, ich höre einfach in deiner Stimme, die ist nicht ganz so ..." Paul: „... relaxed, ja." Glyn Johns wirft ein: „Das Ziel heute ist aber eher, zu filmen, als was für die Platte aufzunehmen." Lindsay-Hogg widerspricht, es gehe um beides, und Paul findet: „Es wäre schön, wenn wir *den* Take auf Film kriegen würden. Versuchen wir's also wieder!" George lenkt ab, indem er aus den Presseberichten zum gestrigen Dachkonzert eine Passage über ihre Schuhe vorliest, fragt dann aber doch: „Was machen wir also jetzt, wollen wir's mit *Let It Be* erzwingen?" Paul ist dafür, zumal die Uhr schon halb sechs anzeigt, also verkneifen sie sich das weitere Abhören von Bändern und kehren ins Studio zurück.

Billy, George und Ringo spielen sich mit einer Instrumentalimprovisation (1:00) wieder ein, während sich John den ungeliebten Baß schnappt. Von den nächsten zwei Takes von LET IT BE (3:21 / 3:45) zerbröselt der erste am Ende; beim zweiten, von John auf deutsch angezählt („eins, zwei, Viertel nach drei"), verpfuscht John seinen Harmoniegesang, weswegen Paul wieder einmal „Brother Malcolm" in den Text einfügt, ein sicheres Zeichen, daß er den Take abgeschrieben hat – aber John, Ringo und Glyn Johns sind damit zufrieden, John deklamiert sogar mit Bühnenstimme: „Ich finde, das war ziemlich grandios! Ich nehm eine Aufnahme mit heim. Okay, laß uns weitere Spuren hinzumischen." Und dann wie entsetzt: „Huch, du Ganove, du Betrüger!" (Dieser Ausruf ist – wie schon die frühere Frage, ob er kichern solle – auf *Anthology 3* zu hören, dort allerdings mit einer Aufnahme vom 25. Januar zusammengeschnitten.) Paul jedoch bezweifelt, daß die Aufnahme gut genug ist, und gibt die Parole aus: „Wir machen noch eine, nur um sicherzugehen! Wir machen noch eine, weil wir's jetzt haben." John trocken: „Wir haben schon so viele von diesen Bastarden!" Er ist offenbar ein bißchen genervt, aber derzeit überraschend gut in der Lage, solche Nervereien runterzuschlucken oder in Witzchen zu verpacken.

Der nächste Take mißlingt und wird von John in eine Veralberung des TWELFTH STREET RAG (0:10) überführt; dann folgt noch ein Take von LET IT BE (2:53), der jedoch in der dritten Strophe abbricht, weil Paul mit dem Text nicht zurechtkommt (einen endgültigen hat er immer noch nicht). Notgedrungen schlägt er vor, nun doch erstmal etwas anderes zu machen – John meint, vielleicht mal ein Brettspiel. John möchte etwas in Angriff nehmen, was sie noch gar nicht gespielt haben, aber als Lindsay-Hogg ihre Liste vorliest, kommt er zu dem Schluß: „Wir haben sie alle schon gespielt!" Paul: „Okay, dann also *Let It Be*!" Tatsächlich stimmt er aber OH! DARLING (5:52) an, nicht sehr ernsthaft gesungen und zunächst nur von Billy begleitet. Es ist unverkennbar eine Klamaukversion, nur zur Auflockerung gedacht, ebenso wie eine anschließende schnellere, sehr funky gespielte Version von OH! DARLING (0:44) mit recht albernen Texteinlagen („Bossa nova, bossa no, that's a no-no, that's a no-no"). Die Frage, was sie nun tun sollen, ist damit immer noch nicht beantwortet; Paul bringt *She Came In Through The Bathroom Window* ins Spiel, worauf freilich niemand anspringt; George, Ringo und Billy flüchten lieber in eine weitgehend instrumentale Improvisation (1:17), die den Funk-Stil der eben gehörten Version von *Oh! Darling* fortführt. Lindsay-Hogg schlägt nochmals *Teddy Boy* vor, wozu John nur meint, die am 24. Januar gespielte Version, die dem Regisseur offenbar so gefallen hat, sei nur ein Augenblickseinfall gewesen, den man nicht wiederholen könne.

Folgerichtig schlägt Paul vor, zu seiner Klavierballade zurückzukehren. Auf ein längliches Einspielen, bei dem Paul weitere Textvarianten durchprobiert und George fetzige Gitarrenriffs spielt, die er sich in ernsthafteren Momenten verkneifen muß, folgen zwei letzte Takes von LET IT BE (3:50 / 3:53), beide beinahe perfekt, sieht man davon ab, daß George außerordentlich uninspirierte Soli spielt und beim zweiten Take ins Intro hineinlacht. Aber die Beatles wissen, daß sie es im Prinzip gepackt haben. Der erste dieser Takes, Take 27a, ist die Grundlage dessen, was später (in unterschiedlichen Nachbearbeitungen) als Single und auf der LP *Let It Be* veröffentlicht wird; der allerletzte Take, Take 27b, ist im Film *Let It Be* zu sehen (hineingeschnitten allerdings der Refrain einer unvollständigen früheren Aufnahme); *Let It Be … Naked* schließlich, die angeblich ‚bereinigte' Version, bringt eine geschickte Montage aus Passagen beider Takes.

Und damit ist nicht nur der Song im Kasten, sondern auch der Arbeitstag beendet. Eigentlich können die Beatles zufrieden sein, sie haben vor Kameras und auf Band die ultimativen Takes von *Two Of Us* und *Let It Be* eingespielt, außerdem einen Take von *The Long And Winding Road*, von dem sie zumindest glauben können, es sei der ultimative. Zusammen mit den fünf Songs, die sie am Vortag auf dem Apple-Dach live eingespielt haben, ergibt das acht gute Aufnahmen. Für ein Album ist das allerdings nicht genug, und diese Tatsache muß ihnen eigentlich bewußt sein, auch wenn niemand sie direkt anspricht. Am Tag der Generalprobe wurden noch drei weitere Songs durchgegangen, *She Came In Through The Bathroom Window, For You Blue* und *All Things Must Pass*, außerdem stehen auf der ominösen 13er-Liste, die Paul als Zeichen der Rettung ihres Projekts begriffen hat, *Teddy Boy, Maxwell's Silver Hammer* und *Old Brown Shoe* — das sind aber alles Songs, von denen sie keine brauchbaren Takes im Kasten haben, und so müssen sie eigentlich davon ausgehen, daß sich auf der Basis des mitgeschnittenen Materials allein keine LP realisieren läßt. Es ist so gesehen nur folgerichtig, daß Paul gegen Ende des Tages Andeutungen fallengelassen hat, man könne vielleicht demnächst weiterarbeiten; diese Andeutungen sind allerdings bei den Kollegen nicht auf fruchtbaren Boden gefallen, und tatsächlich enden mit dem letzten Take von *Let It Be* am frühen Abend dieses 31. Januar 1969 die *Get-Back*-Sessions endgültig.

Es ist daher an der Zeit, ein kurzes Fazit der kompletten vier Wochen zu ziehen. Dieses Fazit muß in etlicher Hinsicht zwiespältig ausfallen. Das musikalische Niveau war meistens so gruselig, wie man es von der bedeutendsten Band der 60er Jahre kaum erwartet hätte; allerdings haben die Beatles bewiesen, daß sie sich meistens doch am eigenen Schopf aus dem musikalischen Sumpf, in dem sie zu versinken drohten, herausziehen und notfalls sogar echte Meisterwerke einspielen konnten, wenn es ernst wurde. Anders als bei ihren vorherigen Schallplatten, für die sie monatelang im Studio herumtüftelten, bis sie genug Material in hinreichender Qualität zusammen hatten, genügten ihnen diesmal vier Wochen, um in der Summe dann doch sehr viel mehr gute Songs hinzukriegen, als es ihnen jemals zuvor in so kurzer Zeit gelungen war — und zudem müssen wir berücksichtigen, daß diese vier Wochen keineswegs optimal genutzt wurden, sondern ein großer Teil der knappen Zeit durch Albernheiten, Streitereien, realitätsferne Träumereien und chaotische Unorganisiertheiten verlorenging.

Die erste Hälfte der Sessions, die Zeit in Twickenham, kann beinahe komplett abgeschrieben werden. Wenn George aus der späteren Rückschau meint, diese Sessions seien „der Tiefpunkt aller Zeiten" gewesen, wenn John von „Hölle" spricht und von den „erbärmlichsten Sessions auf Erden", dann zeigt das, daß sie sich in einem bestimmten Stadium ihrer späteren Entwicklung vornehmlich an die Tage in Twickenham erinnern. Am Nachmittag des 10. Januar hätte kaum jemand einen Pfifferling auf das Fortbestehen der Beatles als Gruppe geben können. Die anschließenden elf Tage im Apple-Studio ergeben aber ein völlig anderes Bild. Alle vier Beatles sind gelöst und locker, arbeiten engagiert und einigermaßen zielstrebig und fühlen sich sichtlich wohl miteinander. Es hat nicht den Anschein, als sei dies nur ein Burgfrieden; am Ende gewinnt man den Eindruck, daß die Beatles sich hinreichend wieder zusammengerauft haben, um für unbestimmte Zeit weiter an fruchtbaren gemeinsamen Projekten arbeiten zu können (tatsächlich kann man das später im Jahr entstandene *Abbey Road* als indirektes Resultat dieser Sessions betrachten, und nicht nur, weil ein Großteil der darauf zu hörenden Songs im Januar 1969 bereits geprobt wurde). Zu musikalischen Projekten außerhalb der Beatles drängt es vor allem John und George; beide trauen sich aber, wie aus den einschlägigen Diskussionen herauszuhören ist, noch nicht recht, solche Vorhaben wirklich zielstrebig zu verfolgen, jedenfalls nicht als Alternative zu den Beatles. John und George erklären zudem unabhängig voneinander, im Apple-Studio fühlten sie sich wie zu Hause, es mache Spaß, hier zu arbeiten, und sie wollten es bald wieder machen. (Freilich werden die Beatles nie wieder eine einzige Aufnahmestunde hier verbringen, was vermutlich mit der technischen Ausstattung zusammenhängt; auch für diese Sessions haben sie sich die Aufnahmegeräte und das Mischpult anderswo besorgen müssen, und alles Gerät kehrt nun wieder zu den Leihgebern zurück.)

Was hat den enormen Stimmungsumschwung und die entscheidend veränderte Arbeitshaltung nach dem Umzug von Twickenham ins Apple-Studio ausgelöst? Offensichtlich ist es George nach seinem vorübergehenden Ausstieg aus der Band gelungen, sowohl Paul als auch John einzuorden. Paul hat akzeptiert (auch wenn er es bisweilen vergißt), daß im Vordergrund kein Film- und Show-Spektakel steht, sondern die halbwegs stringente Arbeit an einem neuen Album; John hat akzeptiert, daß er präsent zu sein hat, nicht nur leiblich, sondern auch als musikalische Persönlichkeit und wichtiger Bestandteil der Gruppe. Nach dem Neuanfang im Apple-Studio ist von Yoko kaum noch etwas zu hören, und wenn, dann Zustimmung und Gelächter; sie spricht nicht mehr für John, und John schweigt nicht mehr. Das sind Dinge, die George offenbar erreicht hat und die Vorbedingung dafür waren, daß es weitergeht. Andererseits hat auch George zurückstecken müssen. Er verzichtet im Apple-Studio lange darauf, seine eigenen Songs ins Gespräch zu bringen (und als er sie dann in den letzten Tagen doch ins Gespräch bringt, tut er es eher widerwillig und nur, weil die anderen ihn animieren); er schwärmt nicht mehr bei jeder Gelegenheit von Bob Dylan und The Band, sondern bringt seine Vorschläge, wie Songs zu verbessern oder besser zu spielen seien, konstruktiv und gruppenadäquat ein; und er hält sich mit jenen Wah-Wah- und Leslie-Effekten, mit denen er insbesondere John, aber auch Paul in Twickenham permanent überfordert hat, weitgehend zurück und akzeptiert seine Rolle, die überwiegend die eines verläßlichen Sessionmusikers ist.

Daß die gute Stimmung, die am Ende der *Get-Back*-Sessions überwiegt, nicht von Dauer sein wird, hat Gründe, die nicht direkt in diesen Sessions liegen, aber auf die Wahrnehmung dieser Sessions zurückwirken, weil sie auch mit den anschließenden Versuchen zusammenhängen, die Resultate dieser Sessions als Schallplatte und als Film in die Öffentlichkeit zu bringen. Die *Get-Back*-Sessions sind beendet, doch die Geschichte, zu der sie gehören, setzt sich noch fort.

Ende – und Nachleben

1969-2019

Als der Januar 1969 vorüber ist, hat Regisseur Michael Lindsay-Hogg zwar rund 130 Stunden Material im Kasten, was für die Zwecke des geplanten Films hinreichen sollte – aber ist auch genug vorzeigbare Musik aufgenommen worden, um daraus eine LP zu basteln? Das bleibt zunächst ungeklärt, denn alle Beteiligten beschäftigen sich nach Abschluß der Sessions mit ganz anderen Dingen. George Harrison fummelt mit seinem neuen Synthesizer herum und nimmt das lange Experimentalstück *Under The Mersey Wall* auf; das ist das genaue Gegenteil nicht nur der Rückkehr zu den Wurzeln, die mit den *Get-Back*-Sessions versucht wurde, sondern auch der akustischen Solo-Songs, die George während jener Sessions so gerne gespielt hat. Ringo bereitet sich auf die Aufnahmen zum Film *The Magic Christian* vor, für die er an einen nun unrühmlichen Ort zurückkehrt, in die Filmstudios von Twickenham. Und John und Paul?

John und Paul machen sich (jeder auf seine Weise) daran, die geschäftlichen Angelegenheiten ihrer in eine desolate Lage geratenen Firma Apple zu regeln. Paul versucht, den New Yorker Eastman-Clan für die Geschäftsleitung zu gewinnen, also seinen zukünftigen Schwiegervater und seinen zukünftigen Schwager, doch John favorisiert jenen Allen Klein, mit dem er und Yoko schon Ende Januar mehrere Gespräche geführt haben und von dessen Befähigung, Apple zu retten, sie absolut überzeugt sind. George und Ringo schließen sich Johns Präferenz an, wohl nicht zuletzt, weil sie fürchten, durch die Bestallung von Pauls neuer Verwandtschaft würde Pauls Dominanz bei Apple und den Beatles noch verschärft. Die Meinungsverschiedenheit in dieser Angelegenheit wächst sich rasch zum offenen Streit aus, als John, George und Ringo übereilt Verträge mit Klein unterschreiben und Paul ultimativ auffordern, ohne weitere Bedenkzeit ebenfalls einen solchen Vertrag zu unterzeichnen; Paul weigert sich, er sieht durch das Vorpreschen der Kollegen den alten Beatles-Grundsatz verletzt, nur Dinge zu machen, die von allen vier Beatles gutgeheißen werden. Auch Mick Jagger, der einschlägige Erfahrungen mit Allen Klein hat, warnt Paul und bietet John an, Details zu berichten, doch als beim anberaumten Termin auch Klein mit am Tisch sitzt, zieht Jagger den Schwanz ein und meint salomonisch, wenn man wolle, was Klein könne, sei er der richtige Mann.

Die Bestallung Allen Kleins als geschäftlicher Vertreter Johns, Georges und Ringos sowie als Apple-Sanierer wird im Februar 1969 in die Wege geleitet; die Situation eskaliert also genau in dem Zeitraum, in dem bei normalem Gang der Dinge das LP-Projekt *Get Back* hätte weitergeführt und hoffentlich beendet werden müssen. Dieser normale Gang der Dinge ist aber eh schon durch ungünstige Terminplanungen zunicht gemacht worden – nicht unbedingt durch Ringos Filmverpflichtung (sein Einsatz beginnt nun doch erst Ende Februar) und schon gar nicht durch aufschiebbare Vorhaben der anderen drei Beatles, aber Anfang Februar muß sowohl Billy Preston (für eine Texas-Tour) als auch Glyn Johns (der auf seiner Hochzeitsreise ein Album der Steve Miller Band produzieren soll) nach Amerika, und ohne diese beiden kann die Studioarbeit eh nicht weitergehen.

Am 22. Februar aber kommen sie alle wieder im Studio zusammen, George frisch aus dem Krankenhaus, wo er sich die Mandeln hat herausnehmen lassen. Das Studio ist allerdings jetzt nicht mehr das bei Apple, aus dem das geliehene Gerät wieder entfernt wurde, sondern sie treffen sich in den Trident-Studios in der Wardour Street. Glyn Johns bekommt 35 Takes von *I Want You (She's So Heavy)* aufs Band, von denen er die besten anschließend abmischt; an den zwei folgenden Tagen schneidet er aus Passagen der Takes 9, 20 und 32 ein Masterband zusammen. Dies könnte der Versuch sein, die *Get-Back*-Sessions doch noch fortzusetzen, und tatsächlich mag man drüber spekulieren, wo die Beatles gelandet wären, wenn sie die in *I Want You (She's So Heavy)* angelegten Jam-Ansätze im Studio weiterentwickelt hätten, mit oder ohne Billy Preston. Vielleicht hätte es in der Tat eine neue Beatles-Phase geben können.

Tatsächlich bleibt die Aufnahmesession vom 22. Februar aber die allerletzte der Beatles, bei der Glyn Johns als Produzent am Mischpult sitzt. Als die Arbeit am 20. April mit Overdubs zu *I Want You (She's So Heavy)* sowie 26 Takes von *Oh! Darling* und dann am 26. April mit 32 Takes von *Octopus's Garden* weitergeht, fungiert George Martins Assistent Chris Thomas als Produzent, und bei anderen Aufnahmen aus dieser Zeit führt wieder der altbewährte Martin selbst das Regiment, beides ein Zeichen, daß nun schon für neue Projekte gearbeitet wird.

Und Glyn Johns? Der mischt am 4. April gemeinsam mit Paul *Get Back* (die Aufnahme vom 27. Januar, verbunden mit einer Coda vom 28. Januar) und *Don't Let Me Down* (die Aufnahme vom 28. Januar) für die Single ab, die eine Woche später erscheint, und erhält von Paul (und vielleicht auch John) einen Spezialauftrag, mit dessen Erledigung er sich bis zum 28. Mai in den Olympic-Studios beschäftigt: er soll die *Get-Back*-Sessionaufnahmen auf Vordermann bringen und sehen, ob sie vielleicht doch für ein Album hinreichen. Glyn Johns muß für diese Arbeit allerdings nicht bei null anfangen, denn schon am 30. Januar hat er aus den bis dahin seiner Meinung nach besten Takes, die er am 26. und 27. Januar (also vor Ende der Sessions!) abgemischt hatte, eine Acetat-Platte zusammengestellt. Diese Zusammenstellung, die nicht zur Veröffentlichung vorgesehen war, sondern den Beatles nur einen ersten Eindruck ihrer Aufnahmen verschaffen sollte, umfaßte folgende Aufnahmen:

Seite 1:
    Get Back (Aufnahme vom 23. Januar)
    Teddy Boy (24. Januar)
    Two Of Us (24. Januar)
    Dig A Pony (22. Januar)
    I've Got A Feeling (22. Januar)
Seite 2:
    The Long And Winding Road (26. Januar)
    Let It Be (26. Januar)
    Don't Let Me Down (22. Januar)
    For You Blue (25. Januar)
    Get Back (27. Januar)
    The Walk (27. Januar)

Dies ist eine sehr schroffe, rohe Zusammenstellung, bei der Glyn Johns seiner Vorliebe für spontane Einfälle und auch Patzer die Zügel schießen läßt; bei mehreren Takes läßt er die vorherigen Fehlstarts mit drin, und an die erste Fassung von *Get Back* hängt er die im Anschluß mitgeschnittenen Schnipsel aus *I've Got A Feeling* und der Selbstparodie *Help!* an. Falls die Beatles sich diese Acetat-Platte angehört haben sollten, wäre es relativ verständlich, daß sie das ganze Projekt zunächst zu den Akten legen wollten.

Als Glyn Johns sich nun im April daran macht, eine ‚richtige‘ Schallplatte aus dem Material herzustellen, nimmt er aber seine seinerzeitige Sponti-Zusammenstellung als Basis, was ein wenig erklärt, warum er kaum auf das Dach- und das Studiokonzert am 30. und 31. Januar zurückgreift, bei denen die Beatles doch versuchten, die perfektesten Takes einzuspielen. Anfang Mai präsentiert Johns den Beatles als Acetat sein Masterband einer LP, die *Get Back with Don't Let Me Down and 9 Other Songs* heißen soll, und zwar in Anspielung auf die allererste Beatles-LP, die mit komplettem Titel *Please*

Please Me with Love Me Do and 12 Other Songs hieß; auf diese Weise soll also die vielbeschworene Rückkehr zu den Wurzeln unterstrichen werden. Das, was Glyn Johns vorlegt, umfaßt folgende Aufnahmen:

Seite 1:

    The One After 909 (Aufnahme vom 23. Januar)
    Rocker / Save The Last Dance For Me (22. Januar)
    Don't Let Me Down (22. Januar)
    Dig A Pony (22. Januar)
    I've Got A Feeling (22. Januar)
    Get Back (27. Januar)

Seite 2:

    For You Blue (25. Januar)
    Teddy Boy (24. Januar)
    Two Of Us (24. Januar)
    Maggie Mae (24. Januar)
    Dig It (24. Januar)
    Let It Be (31. Januar, mit Overdubs)
    The Long And Winding Road (26. Januar)
    Get Back (Reprise) (28. Januar)

Acht dieser Aufnahmen sind im Prinzip identisch mit denen, die Glyn Johns schon Ende Januar zusammengestellt hatte, nur natürlich neu abgemischt und perfektioniert. *Get Back* ist der selbe Take, der dem unter Pauls Oberaufsicht hergestellten Single-Mix zugrunde liegt, aber Johns läßt die hinzugeschnittene Coda weg; den Single-Mix von *Don't Let Me Down* übergeht er sogar komplett und hält an der von ihm favorisierten früheren Aufnahme fest. Als kleine Gimmicks, die den Live- und Event-Charakter betonen sollen, fügt er die Fragmente *Rocker*, *Save The Last Dance For Me* und *Maggie Mae* sowie am Ende eine ebenso fragmentarische Reprise von *Get Back* ein (diese Fragmente sind nicht als vollgültige „Songs" gedacht, sonst würde der Albumtitel *Get Back with Don't Let Me Down and 9 Other Songs* ja nicht aufgehen). Ein richtiger Track hingegen soll *Dig It* sein, der knapp fünf Minuten lange letzte Take vom 24. Januar inklusive John Lennons Absage: „Das war *Can You Dig It* von Georgie Wood, und nun möchten wir *Hark, The Angels Come* vortragen!" Diese Absage leitet über zu *Let It Be*, wo Glyn Johns den ursprünglich von ihm favorisierten Take vom 26. Januar ersetzt durch Take 27a vom 31. Januar, wenn wohl auch nicht ganz freiwillig. Dieser berüchtigte Take 27a hatte den Nachteil, zwar eigentlich perfekt zu sein, aber ein unterdurchschnittliches Gitarrensolo von George aufzuweisen. Am 30. April wird deswegen ohne Beteiligung von Glyn Johns im EMI-Studio in der Abbey Road unter Pauls Leitung eine Abmischung hergestellt, für die George ein neues Solo einspielt. Glyn Johns kommt nicht umhin, diese Version mit dem hinzugemischten neuen Gitarrensolo ins Album *Get Back* aufzunehmen. Diese verfälschende Beimischung ist eigentlich schon ein eklatanter Verstoß gegen den Live-Charakter der beabsichtigten LP, den gerade Glyn Johns zu unterstreichen versucht, indem er kleine Gesprächsfetzen und dergleichen integriert.

Er will also kein geglättetes Album aus den so gar nicht glatt verlaufenen Sessions machen, und das scheint das Problem zu sein. Die Acetat-Platte, die er schließlich abliefert, stößt auf wenig Gegenliebe. Am 5. und 6. Mai ist Johns dabei, als die Beatles im Studio an *Something* und *You Never Give Me Your Money* arbeiten, aber nur als Ingenieur, George Martin ist von Paul gebeten worden, wieder als Produzent tätig zu sein, und hat sich dazu unter der Bedingung bereit erklärt, daß die Beatles zu ihrem altgewohnten Studio-perfektionismus zurückkehren. Am 7. und 8. Mai hat Glyn Johns dann Gelegenheit, mit allen vier Beatles ausführlich seine Abmischungen der *Get-Back*-Aufnahmen durchzugehen, und das Ergebnis ist, daß er nach-polieren soll. Unglücklicherweise eskaliert gerade an diesen beiden Tagen der Streit um den Allen-Klein-Vertrag, den Paul nicht unterzeichnen will, die Stimmung ist also ohnehin nicht die beste, da kann sich jeder, der die Beatles von etwas überzeugen möchte, rasch einen Rüffel einfangen.

Am 15. und 28. Mai ist Glyn Johns also wieder im Studio und poliert die Aufnahmen nach, die er eigentlich lieber unpoliert lassen würde. Die Takes werden noch etwas sauberer abgemischt, statt Dialogfetzen wegzulassen, schneidet Johns aber sogar neue hinein. Im Anschluß an *I've Got A Feeling* fragt Ringo jetzt: „Glyn, wie klingt das?" Damit die LP perfekter klingt, hat Johns jetzt doch für den Titeltrack *Get Back* den Single-Mix mit Coda genommen; ansonsten besteht die bedeutendste Veränderung darin, daß am Anfang von *Dig It* eine Minute weggeschnitten wird, so daß nur noch knapp vier Minuten übrig bleiben. In dieser Fassung soll die LP *Get Back* nun wirklich veröffentlicht werden, es wird sogar ein Fotoshooting arrangiert, bei dem die Beatles sich am selben Ort und in gleicher Haltung wie damals für ihre erste LP ablichten lassen. Damit wäre nicht nur musikalisch, sondern auch verpackungstechnisch der Bogen vom ersten bis zum letzten Album geschlossen.

Fragt sich nur, welches Album das letzte der Beatles sein und womöglich bleiben soll. Klar ist, daß die Aufnahmen, für die sie seit Februar immer mal wieder sporadisch ins Studio gehen, nicht mehr für das Album gedacht sind, an dem Glyn Johns bastelt, sondern daß es sich um die Vorbereitungen eines weiteren Albums handelt, das schließlich ab 1. Juli intensiver in Angriff genommen wird: *Abbey Road*. Jetzt steht wieder Perfektionismus im Mittelpunkt, also ein genauer Gegenentwurf zum *Get-Back*-Ansatz. Vom Songmaterial her ist die Grenze zwischen den beiden Albumprojekten allerdings fließend. Genaugenommen enthält *Abbey Road* nur viereinhalb neue Songs. Seite 1 wird eröffnet von *Come Together*, dem so lange ersehnten neuen Lennon-Knaller; es ist textlich ein Slogan-Song wie fast alles, was John in diesem Jahr schreibt, spontan verfaßt im Juni, angeblich für den Wahlkampf von Drogenguru Timothy Leary (Leary wollte Gouverneur von Kalifornien werden; sein Wahlspruch lautete: „Come together, join the party"). Seite 2 beginnt mit Georges *Here Comes The Sun*, geschrieben bei einem Landausflug mit Eric Clapton auf der Flucht vor den immer bedrückenderen geschäftlichen Auseinandersetzungen der Beatles; dann folgt Johns *Because*, textlich wiederum ein Slogan-Song, aber musikalisch das Ungewöhnlichste, was ihm seit langem gelungen ist (freilich hat er es einfach einer Beethoven-Sonate nachempfunden, die Yoko in seinem Beisein spielte); und gleich danach kommt Pauls hübsche Neukomposition *You Never Give Me Your Money*, geschrieben wohl unter dem Eindruck der Geschäftsstreitereien. Ansonsten versammelt *Abbey Road* auf der ersten Seite extrem nachpolierte Glanzversionen einiger schon während der *Get-Back*-Sessions mehr oder weniger weit entwickelter Songs von Paul (*Maxwell's Silver Hammer, Oh! Darling*), John (*I Want You (She's So Heavy)*), George (*Something*) und sogar Ringo (*Octopus's Garden*), und für die Rückseite hat sich Paul etwas überlegt, worin er weitere schon bei den *Get-Back*-Sessions gespielte Stücke und Bruchstücke unterbringen kann, nämlich ein ausgerechnet von *You Never Give Me Your Money* eingeleitetes kunstvoll arrangiertes Medley, in den sein schon zuvor perfektionierter Song *She Came In Through The Bathroom Window* sowie unfertige Fragmente von ihm selbst (*Golden Slumbers, Carry That Weight, Her Majesty*) und von John (*Sun King, Mean Mr. Mustard, Polythene Pam*) eingehen. Den Schlußstein setzt passenderweise *The End*, ein halber Song, in dem auf perfekt geschliffene Weise Ungewöhnliches passiert: Ringo brilliert mit dem ersten Schlagzeugsolo seiner Karriere, dann wechseln John, George und Paul sich mit effektvollen Gitarrensoli ab, Paul beweist, daß er inzwischen eigentlich der beste Gitarrist von ihnen dreien ist – und dann demonstriert er mit einem Simpeltext über die Liebe auch noch, daß er vermutlich sogar ein besserer Slogan-Texter wäre als John. Und damit Ende.

Das Ende von *Abbey Road* ist wirklich das Ende der Beatles, zudem ein kunstvoll inszeniertes; am 25. August werden die Aufnahmen zu dem Album abgeschlossen, knapp einen Monat später, am 20. September, sechs Tage, bevor *Abbey Road* erscheint, erklärt John auf einer Geschäftsbesprechung seinen Ausstieg aus den Beatles und damit de facto das Ende der Gruppe. Paul und Allen Klein überreden ihn allerdings, seinen Ausstieg vorerst geheimzuhalten, um den Verkauf des neuen Albums nicht zu gefährden, und so glaubt die Öffentlichkeit weiterhin, Johns Polit- und Kunstaktionen mit Yoko und seine Aufnahmen und Auftritte mit einer improvisierten Begleitgruppe, die er Plastic Ono Band nennt, liefen parallel zu seinen Beatles-Aktivitäten. Tatsächlich begibt sich John, der befindet, *Abbey Road* sei unter Pauls Einfluß viel zu glatt und elegant geworden, mit der Plastic Ono Band in schrofferes musikalisches Gelände, als er es mit den Beatles hat betreten mögen, spielt Mitte September komplett unvorbereitet live bei einem Rock'n'Roll-Festival in Toronto und veröffentlicht Ende Oktober den Song *Cold Turkey* über seine überstandene Heroinsucht (die drei Kollegen hatten sich geweigert, diesen Song als Beatles-Single aufzunehmen). John Lennon, heißt das, hat nun außerhalb der Beatles einen Weg gefunden, Musik nach seinem Gusto zu machen, und kann deshalb den Schritt in die Eigenständigkeit tun, den er sich im Januar noch nicht getraut hat. Aber das, was er nun musikalisch macht – eine Rückkehr zu den Wurzeln, zu ungeglättetem, technisch eher schlichtem Live-Spiel –, ist komischerweise beinahe das, was Paul zu Beginn des Jahres mit den *Get-Back*-Sessions angestrebt hat und von John nicht wirklich goutiert wurde.

Aber was ist inzwischen aus *Get Back* geworden? Nachdem Glyn Johns Ende Mai zum zweiten Mal die Ergebnisse seiner Arbeit abgeliefert hatte, war rasch Einigung darüber erzielt, daß die Platte veröffentlich werden sollte; Anfang Juni verkündete John öffentlich, sie erscheine im Juli. Mitte Juli hatte Michael Lindsay-Hogg eine Rohschnittfassung seines Films fertig, von dem es sowohl eine Fernseh- als auch eine Spielfilmfassung geben sollte; die Rohfassung, die rund drei Stunden lang war, führte er den Beatles vor, doch denen gefiel sie nicht, es waren ihnen zu viele heikle Szenen drin, und Paul, George und Ringo fanden die Fassung außerdem viel zu John-und-Yoko-lastig. Lindsay-Hogg mußte also wieder an die Arbeit, womit auch die LP-Veröffentlichung verschoben wurde – es hieß nun, sie solle im September veröffentlicht werden, gleichzeitig mit dem Film. Was im September erscheint, ist aber dann statt dessen das zwischenzeitlich fertiggestellte *Abbey Road*; nicht einmal die Beatles können es wagen, zwei neue

Langspielplatten gleichzeitig auf den Markt zu werfen, also wird das Erscheinen von *Get Back* auf den Dezember verschoben.

Dennoch kommt *Get Back* im September auf den Markt, wenn es auch nur ein grauer Markt ist. Irgendwer, der bei Apple über Zugang zu solchen Dingen verfügt, hat Acetat-Pressungen sowohl der nicht zur Veröffentlichung gedachten Glyn-Johns-Zusammenstellung von Ende Januar als auch der von den Beatles abgelehnten Abmischung von Anfang Mai an die amerikanische Presse raussickern lassen; der *Rolling Stone* bringt am 20. September eine ausführliche Rezension dessen, was er für das bevorstehende neue Beatles-Album hält, und mehrere Radiosender präsentieren ihren Hörern sogar die komplette Acetat-Pressung – naturgemäß schneiden etliche Radiohörer diese Sendungen mit. Es wird nie geklärt, wer für das Durchsickern der geheimen Schätze verantwortlich ist. Vielfach heißt es, es seien vorab offiziell Presseexemplare verteilt worden, doch das ist nicht korrekt. Da John Lennon sich 1969 viel in Amerika herumtreibt, gibt es auch die Theorie, er habe diese Aufnahmen in Umlauf gebracht, um im Tausch seine Sammlung von Beatles-Bootlegs zu erweitern; diese Theorie ist allerdings kaum plausibel, denn zum Bootleg-Junkie kann John erst später geworden sein – die Geschichte nennenswerter Beatles-Raubpressungen beginnt nämlich erst gerade mit diesen *Get-Back*-Acetaten, die ab September 1969 auf dem Umweg über die Radioausstrahlungen in Umlauf kommen. (In den Jahren nach dem Ende der Beatles wird der Fundus dessen, was die Bootlegger in die Finger kriegen, sehr schnell größer, vor allem durch den Zugriff auf die Tonbänder zu Lindsay-Hoggs Filmaufnahmen, die auf nicht recht erklärbare Weise verschwinden.)

Als es Dezember 1969 wird, hat Lindsay-Hogg seinen Film endlich fertig (jetzt nur noch als Spielfilm, nicht mehr als TV-Version), aber die Platte kann immer noch nicht erscheinen, weil es ein kleines Problem gibt. In der endgültigen Fassung des Films kommen zwei Songs vor, die Glyn Johns für die LP nicht berücksichtigen konnte, weil sie nur in Twickenham gespielt wurden, wo noch kein vernünftiges Tonaufnahmegerät vorhanden war: *Across The Universe* und *I Me Mine*. Dafür ist *Teddy Boy* im Film nicht zu sehen, kann darum auch von der Platte verschwinden. Am 15. und 21. Dezember geht Glyn Johns also wieder ins Studio und macht sich an die schwierige Arbeit, eine neue Fassung des Albums herzustellen, die zum Film paßt. Da er selbst keinen Take von *Across The Universe* hat, besorgt er sich die Aufnahme, die am 8. Februar 1968 unter Leitung von George Martin im EMI-Studio entstanden ist. Eine Abmischung dieser Aufnahme mit allerlei zusätzlichen Soundeffekten ist im Oktober 1969 auf einer Wohltätigkeitsplatte erschienen, aber für die Zwecke von Glyn Johns unbrauchbar; er reduziert die Originaltonspuren unter Weglassung aller Effekte auf eine schlicht und sehr durchsichtig klingende Fassung, die zur Ästhetik von *Get Back* paßt. Damit ist das eine Problem gelöst, aber nicht das andere – von *I Me Mine* gibt es überhaupt keine Aufnahme, und der Song wäre womöglich völlig in Vergessenheit geraten, hätten John und Yoko dazu nicht so fotogen Walzer getanzt.

Die einzige Möglichkeit, das Problem zu lösen, besteht darin, *I Me Mine* neu aufzunehmen. Am 3. Januar versammelt Produzent George Martin die Beatles zu ihrer letzten gemeinsamen Aufnahmesession. Gemeinsam heißt, daß Paul, George und Ringo teilnehmen – John fehlt, und zwar nicht eigentlich, weil er in Dänemark Urlaub machte, sondern weil er ja de facto gar kein Beatle mehr ist. Außerdem hat er den Song ja nie gemocht. Vor Take 15 von *I Me Mine* belustigt sich George über Johns Abwesenheit, indem er eine satirische Ansage macht: „Ihr werdet alle gelesen haben, daß Dave Dee nun nicht mehr unter uns weilt. Aber Micky und Tich und ich möchten einfach mit der guten Arbeit fortfahren, die stets in Studio zwei abläuft." Diese Ansage ist auf *Anthologie 3* verewigt, gekoppelt allerdings mit Take 16, dem letzten und besten Take von *I Me Mine*. Mit dieser Aufnahme haben die verbliebenen drei Beatles eigentlich alles erledigt, was zu erledigen war; bei dieser Gelegenheit spielen sie aber auch noch eine gut sechsminütige Instrumentaljam auf Band, die ein bißchen wie eine Reminiszenz an Möglichkeiten klingt, die die Beatles ein Jahr zuvor angedeutet, aber nie realisiert haben. Am Tag drauf, dem 4. Januar, kehren die Beatles und George Martin nochmals ins Studio zurück, um den am 31. Januar des Vorjahres aufgenommenen besten Take (27a) von *Let It Be* nachzubearbeiten: George spielt nochmals ein neues, schrilleres Gitarrensolo ein, George und Paul (und dazu Linda) fügen Harmoniegesang ein, Ringo ergänzt sein Trommelspiel, Paul schüttelt dazu Maracas, und zur weiteren Veredelung fügt George Martin eine Bläserbegleitung mit zwei Trompeten, zwei Posaunen und einem Tenorsaxophon hinzu. Vermutlich bei dieser Gelegenheit singt George dann auch noch eine neue Gesangsspur für *For You Blue* auf Band.

Glyn Johns ist bei diesen Aufnahmen dabei, hat aber keine Funktion außer der, am Ende die Bänder in die Hände gedrückt zu bekommen mit dem Auftrag, sie für seine Zwecke weiterzuverarbeiten. Am 5. Januar abends um sieben kehrt er allein ins Studio zurück und ist um halb zwölf mit der Arbeit fertig – die LP *Get Back* ist komplett. 44 Minuten ist sie lang und sieht nun folgendermaßen aus:

Seite 1:

    The One After 909 (Aufnahme vom 23. Januar 1969)
    Rocker / Save The Last Dance For Me (22. Januar 1969)
    Don't Let Me Down (22. Januar 1969)
    Dig A Pony (22. Januar 1969)
    I've Got A Feeling (22. Januar 1969)
    Get Back (27. Januar 1969)
    Let It Be (31. Januar 1969, mit alten Overdubs)

Seite 2:

    For You Blue (25. Januar 1969, mit neuen Overdubs)
    Two Of Us (24. Januar 1969)
    Maggie Mae (24. Januar 1969)
    Dig It (24. Januar 1969)
    The Long And Winding Road (26. Januar 1969)
    I Me Mine (3. Januar 1970)
    Across The Universe (8. Februar 1968)
    Get Back (Reprise) (28. Januar 1969)

Teddy Boy ist also rausgeflogen, weil es im Film nicht vorkommt (Paul kann das nur recht sein, denn er möchte das Liedchen für sein erstes Soloalbum, wo es in der Tat besser paßt, neu einspielen); die alte Aufnahme von *Across The Universe* in neuer Abmischung und die neue Aufnahme von *I Me Mine* sind hinzugekommen (bei beiden Songs erweckt Glyn Johns durch vorgeschaltete Gesprächsfetzen den Eindruck, auch sie seien live gespielt worden); *For You Blue* hat er mit Georges neuer Gesangsspur neu abgemischt – aber bei *Let It Be* hat er sich geweigert, die neu dazugekommenen Spuren zu verwenden, und ist bei der bisherigen Fassung geblieben.

Da die LP *Get Back* trotz aller nachträglichen Tricks und Kompromisse die Beatles in einem unverfälschten Live-Sound präsentieren soll, ist höchst verständlich, warum Glyn Johns die mit nachträglichen Arrangements zugekleisterte Version von *Let It Be* für diese LP ablehnt. Aber der Song soll auch die nächste Beatles-Single werden, und dafür ist keinerlei Live-Charakter vonnöten, also mischt Johns am Abend des 8. Januar, als er diese Single-Fassung herstellen soll, doch einige der neuen Oberdubs hinzu. Allerdings verzichtet er auf Georges neues Gitarrensolo, und Bläsergruppe und Harmoniegesang bleiben relativ leise im Hintergrund. Diese Single erscheint schon am 12. Februar in Deutschland, aber erst am 6. März in England. Dies sind bewegte Wochen für die Beatles oder das, was von ihnen noch übrig ist. Paul arbeitet mit Hochdruck (und recht heimlich) an seinem Soloalbum, Ringo gleichzeitig (unter musikalischer Hilfestellung durch George) an dem seinen, und da kann auch John nicht ganz untätig sein.

John Lennon ist (noch immer inoffiziell) kein Beatle mehr, aber das heißt natürlich nicht, daß er nicht die Abbey-Road-Studios nutzt und zumindest punktuell mit anderen Beatles zusammenarbeitet. Am 27. Januar nimmt er mit der Plastic Ono Band, zu der bei dieser Gelegenheit auch George Harrison gehört, seine Schnellschuß-Single *Instant Karma* auf, einen Song, der eine wuchtige Produktion brauchen kann – und die kriegt er auch, denn auf Vorschlag von George hat John für die Aufnahme als Produzenten Phil Spector engagiert, den legendären Erfinder des ‚Wall of Sound‘. Ganz nebenbei ist Spector auch ein Spezi von Allen Klein und folglich jemand, auf den Paul nicht sonderlich scharf sein kann. Da die Beatles mit der Arbeit, die Glyn Johns abgeliefert hat, noch immer nicht ganz glücklich sind, kommen John, George und Allen Klein auf die Idee, die kommerzielle Rettung der desolaten *Get-Back*-Geschichte nun ebenfalls in Spectors Hände zu legen. Spector beginnt am 23. März mit seinem Werk, und er leistet wirklich ganze Arbeit; was er am 2. April unter dem neuen Albumtitel *Let It Be* abliefert, sieht völlig anders aus als das von Glyn Johns konzipierte Album und klingt vor allem völlig anders. Im Gegensatz zu Johns, der keinen einzigen Take des Dachkonzerts und nur zwei Takes vom Schlußtag der Sessions ausgewählt hatte, konzentriert sich Spector gerade auf diese ausgefeilteren Songversionen, denn offensichtlich will er die rohen Aufnahmen bändigen. Er wählt für die LP folgende Takes aus:

Seite 1:
>*Two Of Us* (Aufnahme vom 31. Januar 1969)
>*Dig A Pony* (30. Januar 1969, gekürzt)
>*Across The Universe* (8. Februar 1968, neue Overdubs)
>*I Me Mine* (3. Januar 1970, neue Overdubs, gelängt)
>*Dig It* (26. Januar 1969, nur ein kurzer Schnipsel)
>*Let It Be* (31. Januar 1969, Overdubs 4. Januar 1970)
>*Maggie Mae* (24. Januar 1969)

Seite 2:
>*I've Got A Feeling* (30. Januar 1969)
>*One After 909* (30. Januar 1969)
>*The Long And Winding Road* (26. Januar 1969, Overdubs)
>*For You Blue* (25. Januar 1969, Overdubs Januar 1970)
>*Get Back* (27. Januar 1969, Dialoge hinzugemischt)

Das ist praktisch eine ganz neue Platte. Von den Takes, die Glyn Johns benutzt hatte, verwendet Spector nur *One After 909*, *Get Back* (aber ohne die Coda, dafür um Dialogfetzen ergänzt), *For You Blue*, *Let It Be* (aber mit den neuen Beimischungen, einschließlich des neuen Gitarrensolos von George, außerdem ganz leicht verlängert), *The Long And Winding Road* (aber mit eigens dazu neu aufgenommenen Chor-, Streicher-, Bläser- und Harfenbeigaben), *Across The Universe* (aber ebenfalls mit Streichern und Bläsern versetzt, außerdem im Abspieltempo verändert) und *I Me Mine* (ebenfalls mit beigemischten Streichern und Bläsern, außerdem durch Wiederholung mehrerer Strophen künstlich verlängert). Für die drei üppig mit Streichern und Bläsern zugekleisterten Songs läßt Spector sogar eigens einen Beatle im Studio zur Arbeit antreten, nämlich Ringo, der diesen Takes zu allem Überfluß neue Drum-Parts hinzufügt; auch George ist bei einigen der Sessions dabei, beteiligt sich aber nicht aktiv. Heraus kommt also genau das, was man von Phil Spector erwarten konnte, ein überbordender ‚Wall of Sound' – Ringo, George und vor allem John haben das wohl auch erwartet und sind zufrieden. John ist der Meinung, Spector habe die Aufnahmen gerettet, indem er Schrott zu verkaufbarem Material aufbereitet habe – in seinen Augen „eine unglaubliche Leistung". (Daß John die von Spector erzielte Glätte der Platte als Vorteil gegenüber dem ungeglätteten Ur-Material betrachtet, ist schon ein wenig erstaunlich angesichts der Tatsache, daß John an dem von Paul arrangierten großen Medley auf der zweiten Seite von *Abbey Road* gerade das kultiviert-perfekte Glatte ablehnt – aber bei solchen Urteilen geht es halt nicht mehr um die Sache an sich, sondern darum, wer wofür verantwortlich ist und wie die Fronten verlaufen.)

Andere am Entstehungsprozeß der *Get-Back*-Aufnahmen Beteiligte sind weit weniger begeistert von Spectors Arbeitsergebnissen. George Martin gibt zu Protokoll, er sei schockiert und wie vor den Kopf geschlagen, aber das ist noch die harmloseste Reaktion. Am Boden zerstört ist naturgemäß Glyn Johns, der eine halbe Ewigkeit an ‚seinen' Aufnahmen gearbeitet hat und nun erleben muß, daß der legendenumwobene Kollege Spector die Ziele des ganzen Projektes kurzerhand auf den Kopf gestellt und in jeglicher Hinsicht das Gegenteil dessen gemacht hat, was von Beginn an erstrebt worden war: „Ich kann mich nicht überwinden, die Phil-Spector-Version des Albums durchzuhören – ich hab einmal ein paar Takte gehört und war vollkommen angewidert und finde, es ist ein absoluter Haufen Müll." Nur noch einmal in seinem Leben wird Glyn Johns sich dazu herablassen, für einen Beatle zu arbeiten, nämlich 1972, als Paul ihn einlädt, Aufnahmen seines Albums *Red Rose Speedway* zu produzieren – nach einer Weile läuft

Johns aber frustriert aus dem Studio und wirft die Brocken hin, weil Paul ihm zu langsam arbeitet.

Paul selbst reagiert auf die Phil-Spector-Fassung von *Let It Be* noch weitaus allergischer, und das bleibt nicht ohne Folgen. Paul ist entsetzt, daß das ganze Projekt, das ursprünglich sein eigenes gewesen ist, gegen seinen Willen ausgerechnet Phil Spector übertragen wurde; noch entsetzter ist er, daß dabei der Live-Ansatz ins genaue Gegenteil verkehrt wurde; am entsetztesten aber ist er über das, was Spector seiner zarten Klavierballade *The Long And Winding Road* angetan hat. Es ist keineswegs so, daß Paul grundsätzlich etwas gegen hinzugemischte Streicher hätte, er selbst war ja dabei, als *Let It Be* auf diese Weise veredelt wurde; bei *The Long And Winding Road* geht ihm das alles aber viel zu weit, insbesondere den säuselnden Frauenchor und die schwelgende Harfe, mit deren Tönen das Stück nun endet, findet er völlig unerträglich. (Interessant ist in diesem Zusammenhang, in welchen Arrangements Paul selbst den Song später live spielen wird. Nach langer Abstinenz nimmt er ihn Ende 1975 ins Live-Repertoire der Wings auf und spielt ihn keineswegs so sparsam instrumentiert, wie er ihn sich ursprünglich gedacht hatte, sondern imitiert das Spector-Arrangement vage mit Bläsern, allerdings ohne Streicher und erst recht ohne Frauenchor und Harfe; auf den Tourneen ab 1989, bei denen er verstärkt wieder Beatles-Material spielt, nähert er *The Long And Winding Road* mit kitschiger Streicherbegleitung dann noch weiter dem Bombast-Arrangement Phil Spectors an, imitiert nun sogar ansatzweise den Chor, nur die Harfe bleibt tabu, enden läßt Paul das Stück stets mit perlenden Klaviernoten.)

Die Verwandlung der *Get-Back*-Aufnahmen ins bombastische Album *Let It Be* durch Spector ist der Tropfen, der bei Paul das Faß zum Überlaufen bringt, aber randvoll ist dieses Faß zu diesem Zeitpunkt eh schon; das Tischtuch ist zerrissen, und der Riß verläuft nunmehr ganz eindeutig zwischen Paul und den anderen, nicht mehr beispielsweise zwischen John und George, zwischen denen es doch bei den *Get-Back*-Sessions so sehr gekracht hat (und übrigens auch nochmals bei den Sessions zu *Abbey Road*, als George entnervt befindet, Yoko mache sich da zu sehr breit). In seine Buhmann-Rolle ist Paul dadurch geraten, daß er es abgelehnt hat, wie die Kollegen alle Geschäfte Allen Klein zu überantworten, und diese Buhmann-Rolle unterstreicht er nun durch die Art und Weise, in der er sein Solo-Album *McCartney* auf die Welt (inklusive dessen, was von den Beatles noch übrig ist) losläßt. Am 23. März (dem Tag, an dem Spector beginnt, sich an den *Get-Back*-Bändern zu vergreifen) schließt Paul die Arbeiten an dem Album, das er komplett im Alleingang eingespielt und produziert hat, ab und liefert das Masterband bei Apple (wo er sich nicht mehr zuhause fühlt, seit Allen Klein dort regiert) mit der Maßgabe ab, es zum 10. April zu veröffentlichen. John und George haben schon zuvor (auch mit Hilfe des gutmütigen Ringo als Unterhändler, den der erregte Paul unter bösen Worten vor die Tür setzt) erfolglos versucht, ihn von diesem Veröffentlichungstermin abzubringen und dazu zu bewegen, sein Solo-Album erst Anfang Juni herauszubringen, weil sie das ‚neue' Beatles-Album am 24. April auf dem Markt haben wollten; nun sehen sie sich gezwungen, das Erscheinen von *Let It Be* auf den Mai zu verschieben. Paul ruft John an und teilt ihm mit, jetzt verlasse auch er die Beatles, worüber John zunächst erleichtert ist, weil er Paul immer als denjenigen gesehen hat, der krampfhaft an den Beatles festhalten will – als aber Paul am 10. April – eine Woche vor der Veröffentlichung seines Albums – seinen Ausstieg aus der Band öffentlich bekanntmacht, ist John stinksauer. John begreift, daß Paul das Ende der Beatles als Clou benutzt, um Werbung für seine Soloplatte zu machen; und John begreift, daß es ein Fehler war, seinen eigenen Ausstieg aus der Gruppe ein halbes Jahr zuvor öffentlich geheimzuhalten. John hat das Heft des Handelns ungeschickt aus der Hand gegeben, Paul hat es beherzt ergriffen und steht nun vor den Augen der Welt als derjenige da, von dem die Entscheidung über Weiterbestehen oder Ende der Beatles abhängig war, und darüber ist John so stinksauer, daß er es Paul lange nachtragen wird.

Tatsächlich entscheidet über das, was mit den Beatles geschieht, zu diesem Zeitpunkt niemand weniger als Paul; es entscheidet vor allem Allen Klein. Paul hat zwar erreichen können, daß das Album *Let It Be* erst am 8. Mai erscheint (der Film gleichen Titels hat wenige Tage später Premiere), doch es erscheint in einer Gestalt, auf die Paul überhaupt keinen Einfluß mehr hat. Das betrifft nicht nur Abmischung und Arrangement der Songs, sondern auch die Verpackung, die als opulentes Multimedia-Ding gehalten ist. Hinten auf dem Cover stehen die Sätze: „Dies ist ein Beatles-Album einer neuen Phase ... entscheidend für den Film *Let It Be* war, daß viele der Tracks live aufgeführt wurden; so entsteht die Wärme und Frische eines Live-Auftritts; für die Platte reproduziert von Phil Spector." Als Paul das liest, ist er erneut stocksauer, denn das sind nicht nur mehrere glatte Lügen auf einmal, sondern er ist auch der Meinung, die Beatles hätten es noch nie nötig gehabt, sich wie sauer Bier anzubieten, und mit solchem völlig überzogenen Selbstlob würden sie sich endgültig diskreditieren. Außerdem ist der englischen Erstpressung des Albums ein protziges Buch beigelegt, bestehend aus neunzig großformatigen Seiten in Farbe, das den Preis das Ganzen merklich in die Höhe treibt. Gut zwei Drittel des Buches sind nur mit Hochglanzfotos bestückt, die die Beatles und ihr Gefolge bei den Aufnahmen in Twickenham, im Studio und auf dem Apple-Dach zeigen; auf den restlichen Seiten sind Dialogfragmente von den Aufnahmesessions zu lesen, allerdings so gekürzt und frisiert, daß sie kaum ein authentisches Bild ergeben – die planmäßige Auslassung aller ‚four letter words', durch die der Eindruck erweckt wird, als könnten die Beatles nicht mal richtig fluchen, ist noch das geringste Übel.

Die Buchbeilage ist natürlich der Versuch, die Käufer des Albums heiß zu machen auf den Film, dessen letzte Fassung im Prinzip von allen vier Beatles (oder vielmehr Ex-Beatles) gebilligt wurde. Auch dieser Film ist allerdings kein halbwegs authentisches Dokument, wie er vorgibt, sondern eine geschickte Stilisierung. Schon während der Aufnahmen in Twickenham haben alle Beatles (vor allem Paul) bekundet, daß sie keine Filme mit schnellen Schnitten und verfälschenden Montagen mögen; Regisseur Lindsay-Hogg hat ihnen damals zugestimmt, aber genau das, was die Beatles nicht wollten – schnelle Schnitte und verfälschende Montagen –, kennzeichnet seinen Film. Von den Streitereien ist nur eine Szene im Film zu sehen, nämlich die Auseinandersetzung zwischen Paul und George vom 6. Januar, deswegen denkt fortan alle Welt (die Beteiligten eingeschlossen), George sei während der Sessions aus der Band ausgestiegen, weil Paul ihn drangsaliert habe. Den Schluß des Konzerts auf dem Apple-Dach hat Lindsay-Hogg nach der Methode, die George schon gleich nach dem Event vorschlug, so geschnitten, daß der falsche Eindruck entsteht, das Auftauchen der Polizei habe das Konzertende erzwungen.

Später wird John, erbittert von den Streitigkeiten, mit denen die Beatles enden, scharfe Kritik am Film *Let It Be* üben: Paul habe das ganze Unternehmen so gesteuert, daß er wie der alleinige Chef im Ring rüberkomme, und Anweisung gegeben, John und Yoko zu ignorieren und die Kameras immer nur auf „Engelbert Humperdinck" (so jetzt Johns spöttische Bezeichnung für Paul) zu richten. Das geht an der Realität weit vorbei, denn tatsächlich haben Lindsay-Hoggs Kameras überdurchschnittlich viele Sequenzen von John und Yoko eingefangen, sich teilweise sogar auf die beiden konzentriert, während die anderen Beatles ernsthaft arbeiteten; allerdings haben Paul, George und Ringo dafür gesorgt, daß diese Sequenzen im fertigen Film nicht überhand nehmen. Das Perfide ist, daß John durch den Einsatz Phil Spectors Paul genau in die Rolle manövriert hat, in der er ihn am besten anschießen kann. Durch den Titelwechsel von *Get Back* zu *Let It Be* und die üppigen Nacharrangements sieht es für Außenstehende so aus, als habe sich Paul bei dem ganzen Projekt als

Schnulzenproduzent (à la Engelbert) in den Vordergrund gedrängt, die anderen gemaßregelt, zudem George in die Flucht geschlagen und das Ende der Beatles herbeigeführt. In Wahrheit ist Paul das ganze Projekt, mit dem er eigentlich zum ursprünglichen Rock und zur Gemeinschaft vierer Kumpels zurückfinden wollte, am Ende völlig aus der Hand genommen worden.

Der Multimedia-Hype um *Let It Be* ist immerhin insofern erfolgreich, als der Film einen Oscar einheimst, nämlich ausgerechnet für die beste „Originalmusik“. Die Langspielplatte mit dieser Musik verkauft sich bestens, belegt in England und Amerika Platz 1 der Albumcharts, aber Fans und Musikkritiker sind doch enttäuscht; das Gros der Songs wird als müder Abklatsch früherer Glanzleistungen empfunden, es setzt sich der Eindruck fest, die Beatles seien am Ende nur noch zu mäßigen Leistungen imstande gewesen, ihre Auflösung nach dieser „letzten Platte“ deshalb folgerichtig. Anfangs wissen nur wenige, daß dies nach der Chronologie des Entstehens keineswegs die „letzte Platte“ der Beatles ist, daß deren letztes Werk vielmehr das allgemein als Meisterwerk empfundene *Abbey Road* ist.

Schärfer noch als gegen *Let It Be* richtet sich die Kritik gegen Pauls Solowerk *McCartney*, und das keineswegs zu Unrecht. In technischer Hinsicht klingt das Album amateurhaft, Instrumentierung und Gesang wirken uninspiriert, zudem bleibt das Songmaterial (inklusive der schon während der *Get-Back*-Sessions gespielten Stücke *Every Night*, *Hot As Sun*, *Junk* und *Teddy Boy*) erschreckend schwach. Freilich ist es aber eben dezidiert ein Anti-Beatles-Album – oder jedenfalls ein Album, das gegen die großkotzige „neue Phase“ der Allen-Klein-Phil-Spector-Beatles gerichtet ist.

Die Auflösung der Beatles gerät am Ende zu so etwas wie einem schmutzigen Scheidungskrieg, vor allem zwischen Paul und John. George und Ringo sind erst in zweiter Linie beteiligt, sie sind sozusagen die Scheidungskinder, und sie entscheiden sich, beim Vater (John) zu bleiben und die böse Mutter (Paul) zu verdammen. Die Öffentlichkeit, immer in der Annahme, Paul habe die anderen verlassen, wünscht sich, die Restfamilie könne weitermachen – vielleicht läßt sich ja eine neue Mutter finden? Die naive Vorstellung, die Beatles könnten mit einem neuen Bassisten (etwa Klaus Voormann) vielleicht doch noch weitermachen, hat naturgemäß mit den realen Vorgängen nicht das geringste zu tun.

Im September und Oktober 1970 spielt John ohne George, aber mit Ringo und besagtem Klaus Voormann und dazu Billy Preston sein eigenes Anti-Beatles-Album ein, *John Lennon / Plastic Ono Band*. Obwohl er es von Phil Spector produzieren läßt, klingt das Ganze sehr unarrangiert, zurückgenommen, direkt und solistisch, insofern ist es tatsächlich gut mit *McCartney* zu vergleichen – der Unterschied ist nur, daß das Songmaterial wesentlich besser ist. John, der sich in der Zwischenzeit einer „Primärtherapie" beim Psycho-Guru Arthur Janov unterzogen hat, nimmt nur ganz neue Songs auf, die thematisch die Zeit weit vor den Beatles ins Auge fassen und sich mit Johns familiären Problemen in Kindheit und Jugend auseinandersetzen. Die Beatles sind nur in einem Song Thema, *God*, nämlich in der berühmten Zeile „I don't believe in Beatles, I just believe in me" – ein radikales Bekenntnis zum selbstverantworteten Einzeldasein, leider durch das nachgeschobene „Yoko and me" ein wenig entwertet.

Eigentlich hätten Paul und John mit ihren sparsam instrumentierten Soloalben 1970 gut in die musikalische Landschaft passen können. Die Singer-Songwriter-Bewegung ist auf dem Höhepunkt; Leute wie Van Morrison, Erik Heller, Nick Drake, Randy Newman, David Lewis, Gary Farr, Richie Havens, Bert Sommer, Roy Harper und Perry Leopold zeigen Alternativen zum üblichen Rockband-Kollektiv auf, und James Taylor (zwei Jahre zuvor noch als Apple-Künstler gescheitert, was George Harrison aber immerhin Gelegenheit gab, seine Textzeile „Something in the way she moves" zu klauen) mit *Sweet Baby James* und Neil Young mit *After The Gold Rush* beweisen in diesem Jahr 1970, daß derartige Musik auch kommerziell ungeheuer einträglich sein kann. Der einzige Beatle, von dem man derlei vielleicht hätte erwarten können, ist George, immerhin hat er Ende 1968 mit Bob Dylan akustische Musik geschrammelt, und immerhin hat er während der *Get-Back*-Sessions ein ganzes Schock akustischer Songs aus dem Ärmel geschüttelt und laut darüber nachgedacht, damit Soloauftritte zu bestreiten. Das, was er am 27. November 1970 auf den Markt bringt, das Album *All Things Must Pass*, enthält tatsächlich vier dieser von den Sessions her bekannten Songs (*Isn't It A Pity, Let It Down, All Things Must Pass, Hear Me Lord*), allerdings ist es gerade kein Album im sparsamen Folkgewand, sondern das genaue Gegenteil, der totale Großkotz: nominell ein Dreifachalbum (de facto ist es ‚nur‘ ein Doppelalbum, verlängert durch Dreingabe einiger Instrumental-Jams, die weit weniger inspiriert sind als die besten jener Jams, die die Beatles im Januar 1969 spielten); aufgenommen unter Beteiligung von rund zwanzig Musikern (darunter Billy Preston und Ringo, aber nicht John oder gar Paul); produziert von Phil Spector auf jene nun sattsam bekannte pompös-überladene Weise. Im Gegensatz zu den Solo-Versuchen Pauls und Johns ist *All Things Must Pass* kein Anti-Beatles-Album, sondern genau das Gegenteil, eine Fortsetzung und Überbietung von *Abbey Road* und *Let It Be* mit Harrison-Mitteln. Dieses Riesending wird auch kommerziell irrwitzig erfolgreich, und das ist nur folgerichtig; überspitzt könnte man sagen, *All Things Must Pass* ist das allerletzte Beatles-Album und Georges verspäteter persönlicher Ertrag der *Get-Back*-Sessions. Leider ist damit dann aber auch für George die Beatles-Ära vorbei; alle auf diesem Album nicht berücksichtigten Songs, die er während der *Get-Back*-Sessions gespielt hat, verschwinden in der Versenkung, George wird sich stilistisch auf seinen weiteren Platten immer weiter von den Beatles entfernen (dies nicht unbedingt zu seinem Vorteil) und am Ende weniger als jeder andere an einer Beatles-Reunion interessiert sein.

Ganz anders verläuft die Solokarriere bei Paul; er braucht Jahre, um sich von den Katastrophen des Beatles-Endes zu erholen, veröffentlich zunächst (solo oder mit seiner neuen Band Wings) eine Reihe teils mittelmäßiger, teils richtig schwacher Platten und bekommt erst Ende 1973 mit der LP *Band On The Run* wieder etwas hin, was an Beatles-Niveau erinnert. Dabei ist Paul aber am ehesten derjenige, der nach dem ersten Schock des Endes am Erbe der Beatles festzuhalten versucht. Live spielt er eigentlich immer gern Beatles-Songs, und auf der Suche nach präsentablem Songmaterial gräbt er auch immer wieder in der Vergangenheit. So kommen einige der Songs, die er bei den *Get-Back*-Sessions gespielt hat, verspätet zur Ehre, neu aufgenommen zu werden: 1971 erscheint *Another Day* als Single und *Back Seat Of My Car* auf dem Album *Ram* (und anschließend ebenfalls als Single); Ende der 70er Jahre verwendet er das Instrumentalstück *The Castle Of The King Of The Birds* für den Soundtrack zum (nie realisierten) Zeichentrickfilm *Rupert The Bear* und läßt Testpressungen für ein Album herstellen, das aber dann doch nicht erscheint; 1991 schließlich veröffentlicht er auf *Unplugged (The Official Bootleg)* erstmals offiziell seinen Uraltsong *I Lost My Little Girl*, den bei den *Get-Back*-Sessions John verrockt hatte.

Von John sind solche Rückgriffe in die Beatles-Vergangenheit nach seinem programmatischen „I don't believe in Beatles" eigentlich nicht mehr zu erwarten, doch auf dem *Imagine*-Album, das im September 1971 erscheint, findet sich nicht nur eine Umarbeitung von *Child Of Nature* mit neuem Text unter dem Titel *Jealous Guy*, sondern auch *Gimme Some Truth*, das er auf Drängen von Yoko schon in die *Get-Back*-Sessions einzuspeisen versucht hatte, allerdings erfolglos, weil es für ihn selbst zu kompliziert zu spielen war. Die LP *Imagine* enthält aber vor allem Haßgesänge auf den Ex-Kollegen Paul, besonders in dem Song *How Do You Sleep?* mit den Textzeilen „The only thing you done was yesterday / And since you've gone you're just another day", die nicht nur auf Pauls Beatles-Edelschnulze *Yesterday* anspielen, sondern auch auf seine aktuelle Single *Another Day*, die (aber weiß John das noch?) schon bei den *Get-Back*-Sessions kurz erklang. Diese Haßgesänge stützen naturgemäß die öffentliche Wahrnehmung vom erbitterten Krieg zwischen den unversöhnlichen Ex-Beatles John und Paul.

Aber sind sie wirklich so unversöhnlich? Hinter den Kulissen der Öffentlichkeit sehen die Dinge inzwischen etwas anders aus. Am 1. August 1971 hat in New York das *Concert for Bangladesh* stattgefunden, organisiert von George Harrison, für die Plattenveröffentlichung produziert von Phil Spector und (vor allem finanziell) abgewickelt von Allen Klein. George und Klein bitten John, der inzwischen in New York lebt, an dem Konzert mitzuwirken, machen aber klar, daß sie nur ihn und keineswegs Yoko Ono haben wollen – das ergibt einen kleinen Riß in Johns privater und geschäftlicher Beziehung nicht nur zu George, sondern auch zu Allen Klein, und der Riß zu letzterem wird noch größer, als allen Beteiligten und auch John dämmert, daß Klein die üppig fließenden, eigentlich einem wohltätigen Zweck zugedachten Konzertgelder vor allem in die eigenen Taschen schaufelt. Ohnehin ist inzwischen niemand mehr wirklich davon überzeugt, daß es richtig war, Allen Klein die Apple- und Beatles-Geschäfte zu überlassen, und damit mildert sich auch der Verdruß über Paul, der sich immer gegen Kleins Verpflichtung gesperrt hat.

Am 8. Oktober 1971, seinem Geburtstag, gibt John im Anschluß an die Eröffnung einer Yoko-Ono-Ausstellung in einer Hotelsuite eine Party; unter den vielen Freunden, die kommen, sind George und Ringo, aber natürlich nicht Paul. Zu vorgerückter Stunde schnappt sich John eine Gitarre, setzt sich auf den Boden, die Gäste drapieren sich im Kreis um ihn herum, und gemeinsam wird geträllert, was das Zeug hält. Irgendwer läßt ein Band mitlaufen, die Aufnahmen kursieren später unter Sammlern, sogar einen Filmschnipsel davon gibt es. Gesungen werden diverse Klassiker von *La Bamba* bis zu *Like A Rolling Stone*, einige Songs von John bis hin zum neuen *Crippled Inside*, Georges *My Sweet Lord*, Ringo zu Ehren das Beatles-Kinderliedchen *Yellow Submarine* – aber erstaunlicherweise auch *Yesterday*, wo sich John mit Kaspereien nicht ganz zurückhalten kann, und dann sogar *Uncle Albert / Admiral Halsey*, der aktuelle Hit von Paul und Linda McCartney mit der schön symbolträchtigen Textzeile „hands across the water"! Ist John jetzt tatsächlich dabei, Paul über den Atlantik hinweg wieder die Hand auszustrecken?

Ein selbstrechtfertigendes Interview Pauls in der Presse, auf das John mit einem wutschnaubenden Leserbrief reagiert, macht derlei erst einmal wieder zunichte, aber immerhin gibt es Tauwetter im kalten Krieg. John und Paul telefonieren gelegentlich wieder, und Anfang 1972 kommt Paul sogar bei John in New York vorbei, die beiden reden manierlich miteinander und einigen sich drauf, öffentlich kein böses Wort mehr übereinander zu verlieren. Von diesem Zeitpunkt an meldet sich Paul immer, wenn er in New York zu tun hat, bei John, und ganz allmählich nähern sie sich einander wieder an, von der Öffentlichkeit natürlich völlig unbemerkt. Als sich die Tickets für das Konzert, das John am 30. August 1972 in New York mit seiner vorübergehenden Begleitband Elephant's Memory geben will, unerwartet schlecht verkaufen, ruft er sogar bei Paul an und fragt nach, ob der vielleicht bereit sei, als gefeierter Gast bei dem Konzert mitzumachen – doch Paul lehnt ab, trotz der inzwischen erfolgten Wiederannäherung.

Diese Annäherung ist auch möglich, weil John (ebenso wie George und Ringo) zu den Personen auf Distanz zu gehen beginnt, deren Wirken 1969/70 den Beatles-Crash entscheidend befördert hat, nämlich Allen Klein und Phil Spector. 1971 beenden sowohl George als auch John ihre Zusammenarbeit mit dem Produzenten Spector; John macht nur eine Ausnahme: Spector darf Ende 1973 Aufnahmen für das Album *Rock'n'Roll* produzieren, ein spezielles Projekt, zu dem John sich aus juristischen Gründen gezwungen sieht und für das Spector wohl tatsächlich der beste Mann ist. Allerdings geht einiges schief, Spector hantiert mit einer Schußwaffe und brennt mit den weitgehend fertigen Bändern durch, und John sitzt monatelang untätig herum und versackt – und zwar in Los Angeles, wo er mit seiner derzeitigen Freundin May Pang lebt, seit Yoko sich für unbestimmte Zeit von ihm getrennt hat. In dieser etwas angeschlagenen Verfassung bekommt er Ende Februar 1974 im Studio Besuch von Paul und Linda McCartney, und komischerweise funkt es noch zwischen ihnen. Geschäftlich sind inzwischen alle Differenzen geregelt, John gibt sogar zu, er hätte 1969 auf Paul hören sollen, dann hätten er, George und Ringo heute keinen Rechtsstreit gegen Klein zu führen. So weit, so gut.

Aber Johns und Pauls eigentliche Gemeinsamkeit war immer die Musik, also treffen sie sich am 31. März 1974 – einem wahrhaft historischen Datum – in einem Strandhaus in Santa Monica, feiern zusammen und machen schließlich mit einigen Freunden Musik. Paul setzt sich ans Schlagzeug, John schrammelt die Gitarre, dazu singen sie beide; mit dabei sind Jesse Ed Davis an einer weiteren Gitarre, Harry Nilsson als dritter Sänger, Stevie Wonder am Piano und Bobby Keys am Saxophon. Es gibt sogar einen Mitschnitt von dieser Session, der letzten Gelegenheit, bei der John und Paul jemals gemeinsam musizieren; leider ist das musikalische Niveau derart schlecht, daß damit verglichen noch die schlimmsten Sünden der *Get-*

Back-Sessions nachgerade grandios klingen, und das liegt nicht zuletzt daran, daß alle Beteiligten sich vorab mit Drogen derart zugedröhnt haben, daß sie kaum ihre Instrumente halten, geschweige denn etwas Anhörbares darauf hervorbringen können. Neben kurzen ‚Improvisationen' (d.h. unstrukturiertem Lärm) spielen sie nur altbekannte Standards: *Lucille, Stand By Me* und *Take This Hammer*, alle drei von den *Get-Back*-Sessions wohlbekannt, dazu das Shadows-Instrumental *Midnight*, Stevie Wonders *Cupid* und Sam Cookes *Chain Gang*. Dies ist der eigentliche Schlußpunkt unter der musikalischen Zusammenarbeit von John Lennon und Paul McCartney, und es ist ein absolut gruseliger.

Der Rest der Welt versucht freilich immer noch, eine Wiedervereinigung der Beatles zu erzwingen. Eines der vielen Lockangebote, die durch die Medien geistern, wird 1976 in der Fernsehsendung *Saturday Night Live* verkündet: der Moderator der Sendung bietet lustige 3000 Dollar, falls die Beatles sich wieder zusammentun und ganze drei Songs spielen. Niemand ahnt, daß John und Paul die Live-Sendung gemeinsam anschauen, nicht weit vom TV-Studio entfernt in Johns Wohnung, und sogar einen Moment überlegen, ob sie nicht aus Jux spontan in den Sender sausen sollen – doch das ist ihnen dann doch zuviel Aufwand.

Überhaupt ist die Zeit für die Beatles eigentlich vorbei, die Pop- und Rock-Landschaft verändert sich. Im Herbst 1980 muß George Harrison erleben, daß sein neues Album (*Somewhere in England*) zunächst von der Plattenfirma abgelehnt wird, auch der Name eines Ex-Beatles zieht nicht mehr – wahrlich ein Tiefpunkt. Nach Johns traurigem Tod wenige Wochen später entflammt zwar das öffentliche Interesse an den Beatles kurz neu, aber das ist naturgemäß nur ein Strohfeuer. Paul arrangiert sich mit dem neuen Plastik-Pop-Zeitalter, so gut es geht, die Beatles freilich sind Prähistorie.

Das wandelt sich erst zu Ende der 80er Jahre, als sich die Moden erneut ändern und plötzlich wieder Gitarrenbands auftauchen, außerdem diverse Rock-Dinosaurier aus der Versenkung auferstehen und das Festival *Woodstock II* neues Interesse an den 60er Jahren signalisiert. Erstaunlicherweise ist George der erste, der (nach längeren Jahren musikalischer Abstinenz) dieses Interesse bedient, nämlich mit dem Song *When We Was Fab* seines 1987er Comeback-Albums *Cloud Nine*. Das sicherste Gespür für den Zeitgeist hat allerdings Paul; auf diversen Live-Tourneen ab 1989 spielt er verstärkt Beatles-Material in halbwegs originalem Gewand, gelegentlich sogar Johns Sponti-Polit-Song *Give Peace A Chance*, der 1969 dezidiert außerhalb des Beatles-Kontextes mit der Plastic Ono Band veröffentlicht worden war. Paul ist mit solchen Live-Einlagen überaus erfolgreich, knüpft auch mit Ästhetik und Qualität seiner neuen CDs zusehends an die große Beatles-Ära an, und da George gerade finanziell in der Zwickmühle steckt und deshalb seine Einwände zurückstellt, reift schließlich der Plan, eine 1982 schon einmal erwogene, aber verworfene Idee umzusetzen und die besten unveröffentlichten Beatles-Schätze aus den EMI- und Apple-Archiven kommerziell zu verwerten. Das ist vielleicht ein wenig auch der Versuch, die Bootlegger auszustechen, die inzwischen einen riesigen Fundus an unveröffentlichtem Material für sich erschlossen haben und in Form unzähliger CDs (die jetzt die in der Herstellung teureren LPs abgelöst haben) auf den grauen Markt werfen. Nach und nach kommen so vor allem die Nagra-Tonspuren zu den Filmaufnahmen der *Get-Back*-Sessions in Umlauf. Im Januar 2003 gelingt es in einer konzertierten Aktion der britischen und holländischen Polizei, bei Schwarzmarkthändlern 507 BASF-Tonbänder sicherzustellen, jeweils mit einer Laufzeit von rund sechzehn Minuten, und nach eingehender Prüfung bestätigt sich, daß dies die Originalbänder der Filmaufnahmen aus dem Januar 1969 sind. Mit der Konfiszierung dieser Bänder sind natürlich die Aufnahmen keineswegs aus der Welt, sie kursieren weiterhin auf illegalen Tonträgern und zunehmend im Internet. Hardcore-Sammler können inzwischen das Geschehen bei den *Get-Back*-Sessions, soweit es von der Tontechnik der Film-Crew aufgezeichnet wurde, fast lückenlos dokumentieren, verschollen sind nur einige wenige Bänder (wohl nicht zufällig gerade vom ominösen 10. Januar).

1996 erscheint als Abschluß der dreiteiligen offiziellen Archiv-Edition die Doppel-CD *Anthology 3*, auf der zwölf Aufnahmen der *Get-Back*-Sessions zu finden sind: *She Came In Through The Bathroom Window* (Aufnahme vom 21. Januar, hier allerdings fehldatiert auf den 22. Januar), *Dig A Pony* (22. Januar), *I've Got A Feeling* (22. Januar, fehldatiert auf den 23. Januar), *Two Of Us* (24. Januar), *Teddy Boy* (24. / 28. Januar), *For You Blue* (25. Januar), *Let It Be* (25. Januar), ein Medley aus Teilen von *Rip It Up, Shake, Rattle And Roll* und *Blue Suede Shoes* (26. Januar), *The Long And Winding Road* (26. Januar), *Oh! Darling* (27. Januar), *Mailman, Bring Me No More Blues* (29. Januar) und *Get Back* (30. Januar). Grundlagen dieser Tracks sind natürlich nicht die Nagra-Bänder der Film-Crew, sondern die von Glyn Johns mitgeschnittenen Takes, deswegen ist die Tonqualität unvergleichlich viel besser als auf den kursierenden Bootlegs; mit Hilfe der Bootlegs sind Sammler mit scharfen Ohren allerdings in der Lage, nachträgliche Verfälschungen auf *Anthology 3* zu erkennen. Tatsächlich hat George Martin, der hier wieder als Produzent dient, sich nicht darauf beschränkt, die von Glyn

Johns mitgeschnittenen Bänder neu abzumischen, sondern er hat sie trickreich nachbearbeitet, teilweise mehrere Takes miteinander kombiniert oder – im Fall des Rock'n'Roll-Medleys und von *Mailman, Bring Me No More Blues* – das Ausgangsmaterial in bester Phil-Spector-Manier zerlegt und neu zusammenmontiert. Im engeren Sinne naturgetreu ist das, was *Anthology 3* bietet, also keineswegs.

Viele Fans trauern immer noch dem nie veröffentlichten Glyn-Johns-Album *Get Back* nach. Auf eine gewisse Sympathie können sie naturgemäß bei Paul rechnen, der sich mit der Phil-Spector-Fassung, die statt dessen veröffentlicht wurde, nie hat anfreunden können. John als größter Befürworter der Spector-Fassung ist seit 1980 nicht mehr am Leben; George als ehedem zweitgrößter Befürworter jener Fassung hat mit der Veröffentlichung einer Remaster-Version seines eigenen Spector-Bombast-Werkes *All Things Must Pass* angedeutet, daß er im Abstand von drei Jahrzehnten doch nicht mehr so ein großer Freund des Spector-Verfahrens ist. Was liegt also näher, als schließlich doch noch eine naturgetreuere und ‚echtere‘ Version jenes Albums, über das sich die Beatles seinerzeit zerstritten haben, zu veröffentlichen?

Eine solche Version erscheint schließlich im November 2003, zwei Jahre nach dem Tod von George Harrison, unter dem Titel *Let It Be ... Naked*. Dies ist aber keineswegs das Glyn-Johns-Album oder ein Remake davon, sondern im Prinzip das, was Phil Spector zusammengestellt hat, allerdings in neuer Reihenfolge und unter Weglassung aller von Spector hinzugemischten Overdubs. Ganz weggelassen werden die Sponti-Songs *Dig It* und *Maggie Mae*, dafür kommt *Don't Let Me Down* (das Spector fortgelassen hatte, weil es schon als Single-Rückseite erschienen war) nun doch wieder auf das Album, allerdings in einer aus zwei bisher nie verwendeten Takes vom 30. Januar geschickt zusammenmontierten Pseudoversion. Bei fast allen übrigen Songs bleibt es bei den Takes, die Spector ausgewählt hatte, nur Pauls Klavierballaden erfahren noch Modifikationen: *Let It Be* wird durch Elemente eines bisher nicht benutzten Takes vom 31. Januar punktuell nachpoliert, und bei *The Long And Winding Road* findet nun nicht mehr die Fassung vom 26. Januar Verwendung, die bisher auf allen veröffentlichten und unveröffentlichten Tonträgern (einschließlich *Anthology 3*) zu hören war, sondern jener Take vom 31. Januar, der bisher nur im Film *Let It Be* bewundert werden konnte. Und eines muß man bei aller Natürlichkeit, die *Let It Be ... Naked* suggeriert, auch noch sagen – dies ist die Fassung, an der technisch am raffiniertesten herumbearbeitet worden ist, ‚naturbelassen‘ ist hier nichts mehr, es ist vielmehr alles künstlich so hergerichtet worden, daß es natürlich klingt – und bei *The Long And Winding Road* werden mit neuester Technik sogar Johns Patzer am Baß behoben!

Beigegeben ist *Let It Be ... Naked* noch eine zweite CD, die 22 Minuten lang unter dem Titel *Fly On The Wall* eine Collage aus Gesprächs- und Probenschnipseln bietet. Das alles soll natürlich einen authentischen Eindruck von den *Get-Back*-Sessions vermitteln, ist aber genau das Gegenteil von authentisch, von den wirklichen Umständen der Proben- und Aufnahmearbeit kommt gar nichts rüber. Am interessantesten an *Fly On The Wall* ist noch, daß hier zum ersten Mal auf offiziellen Tonträgern zwei frühe Lennon-McCartney-Songs zu hören sind, nämlich *Because I Know You Love Me So* (Aufnahme vom 3. Januar, gekürzt auf 1:32) und *Fancy Me Chances With You* (Aufnahme vom 24. Januar, gekürzt auf 0:34). Leider sind auch das aber nur Schnipsel, die Zeit der Frisierungen à la Phil Spector ist also immer noch nicht vorbei. Das gilt auch für das beigefügte Booklet, in dem die Textcollage aus dem üppigen Begleitbuch zu *Let It Be* nachgedruckt wird, und zwar leider nicht überarbeitet, sondern nur zusätzlich verkürzt. Niemand hat sich die Mühe gemacht, das alles noch einmal gegenzulesen, und so endet das Booklet zu *Let It Be ... Naked* wie schon das Beibuch zu *Let It Be* mit einem himmelschreienden Fehler. Wir lesen als letzten Diskussionsbeitrag John Lennons die Worte: „Ich hab so viele Songs, daß ich meinen Anteil an Songmaterial auf unseren Alben für die nächsten zehn Jahre zusammen hab. Ich würde darum vielleicht gern ein Album mit Songs machen. Das wäre nett, vor allem, um sie alle aus dem Weg zu kriegen. Zweitens aber auch, um zu hören, wie ich alleine so rüberkomme. Jeder von uns kann seine eigenen Sachen machen, auf die Weise könnte man die Beatles-Sache besser erhalten. Alle diese Songs könnte ich natürlich irgendwelchen Leuten geben, aber dann hab ich mir gedacht – ach, ich könnte doch auch mal was machen. Diese ganzen Songs von mir – ich könnte die ungefähr in einer Woche hinkriegen. Aufnehmen und remixen und alles. Weil die alle ziemlich schlicht sind. Ich glaube, die brauchen nicht viel. Mit 'ner Leslie ist es fast schon zuviel, einfach eine Gitarre." Diese Worte sind so ähnlich am 29. Januar 1969 tatsächlich gefallen – aber gesprochen hat sie natürlich nicht John, dem sie von den Textautoren des Beibuchs in den Mund gelegt wurden, gesprochen wurden sie von George.

Let It Be ... Naked ist, weil hier so getan wird, als sei alles ,echt' und ,authentisch', eine weit schlimmere Verfälschung als die von vornherein als fiktiv zu erkennende Verwertung der *Get-Back*-Sessions in dem Videospiel *The Beatles: Rock Band*, das im September 2009 veröffentlicht wird. Hier treten die animierten Beatles-Figuren mit mehreren Songs auf dem Dach des Apple-Studiogebäudes auf, spielen allerdings zum Teil ganz andere Songs als diejenigen, die die echten Beatles dort am 30. Januar 1969 gespielt haben, und zudem sind es nur vier Musikertrickfiguren, die hier agieren, denn aus den entsprechenden Sequenzen von *Rock Band* wurde Billy Preston fein säuberlich eliminiert.

Die Geschichte der (teils beabsichtigten, teils versehentlichen) Verdrehungen und Verfälschungen dessen, was im Januar 1969 wirklich gelaufen ist, ist also immer noch nicht zu Ende. Aber es hilft alles nichts – wenn wir wissen wollen, was da wirklich los war und wie sich der Anfang vom Ende wirklich abgespielt hat, müssen wir einen sehr viel genaueren Blick auf das damalige Geschehen werfen und vor allem genauer hinhören, als das bisher passiert ist. Get back – back to the roots! And to the real thing!

Quellen

1. Bücher

Barrell, Tony: *The Beatles on the Roof*. London: Omnibus Press 2017. (Verwertet teils unveröffentlichte Augenzeugenberichte, aber nicht die Nagra-Bänder der Sessions, deswegen im Detail bisweilen irrig oder spekulativ.)

The Beatles: *Anthology*. London: Cassell 2000. Deutsche Ausgabe München: Econ Ullstein List 2000.

Doggett, Peter: *Let It Be / Abbey Road / The Beatles*. New York: Schirmer 1998.

Doggett, Peter: *You Never Give Me Your Money. The Battle for the Soul of the Beatles*. London: Bodley Head 2009.

Lewisohn, Mark: *The Complete Beatles Chronicle. The only definitive guide to the Beatles's entire career on stage, in the studio, on radio, TV, film and video.* Foreword by George Martin. London: Pyramid 1992; Nachdruck London: Hamlyn 2003.

Lewisohn, Mark. *The Complete Beatles Recording Sessions. The Official Story of the Abbey Road years 1962-1970.* Introductory Interview with Paul McCartney. London: Hamlyn 1988, 2004. (Inzwischen überholt, vor allem durch das vorgenannte Buch, aber im Detail ausführlicher.)

Mansfield, Ken: *The Roof. The Beatles' Final Concert*. New York: Post Hill Press 2018.

Matteo, Steve: *Let It Be*. New York: Continuum 2004.

Miles, Barry: *The Beatles Diary. An Intimate Day by Day History*. East Bridgewater, MA: World Publications 2007.

Moers, Rainer / Claus-Dieter Meier / Matthias Bühring / Franz Budéus: *Die Beatles. Geschichte und Chronologie*. Hamburg: Argument / Ariadne 2000. (Im Detail überholt.)

Norman, Philip: *John Lennon. Die Biographie*. Aus dem Englischen von Reinhard Kreissl. München: Droemer 2008.

Norman, Philip: *Paul McCartney*. Aus dem Englischen von Conni Lösch. München: Piper 2017.

Sounes, Howard: *Paul McCartney. Das Porträt*. Aus dem Englischen von Maria Zybak, Gabriele Gockel und Christa Prummer-Lehmair. München: Droemer 2010. (Mit irriger Darstellung des 10. Januar 1969.)

Sulpy, Doug, with Ray Schweighardt: *Drugs, Divorce and a Slipping Image. The Complete, Unauthorized Story of The Beatles' "Get Back" Sessions*. Albrightsville PA: The 910 2007. (Grundlegende und bisher ausführlichste Aufarbeitung des Sessions; trotz einiger weniger Detailfehler für jede ernsthafte Beschäftigung unverzichtbar.)

Sulpy, Doug, and Ray Schweighardt: *Get Back. The Beatles' „Let It Be" Disaster*. London: Helter Skelter 1998. (Vorfassung des vorgenannten Buchs, dadurch inzwischen überholt, aber im Detail mitunter genauer.)

Thomson, Graeme: *George Harrison. Behind The Locked Door*. London: Omnibus Press 2013.

Turner, Steve: *A Hard Day's Write. Die Story hinter jedem Beatles-Song*. Übersetzung: Anna-Maria Dahm, Bernhard Mogge. Schindellegi: Heel 1996.

Unterberger, Richie: *The Unreleased Beatles. Music & Film*. San Francisco: Backbeat Books 2006.

Womack, Kenneth (Hg.): *The Cambridge Companion to the Beatles*. Cambridge: Cambridge University Press 2009.

2. Audio

The Beatles: *Let It Be*. LP. Apple / EMI 1970. (Remaster-CD 2009.)

The Beatles: *Anthology 3*. 2 CDs. Apple / EMI 1996.

The Beatles: *Let It Be ... Naked*. 2 CDs. Apple / EMI 2003.

The Beatles: *Day By Day Series. The Complete "Get Back" Sessions*. Vol. 1-38. 38 Doppel-CDs. Yellow Dog / Purple Dog Records 2000-2003. (Bootlegs.)

The Beatles: *Get Back Camera B Rolls*. Vol. 1-17. 17 Doppel-CDs. Unicorn Records 2002. (Bootlegs.)

The Beatles: *A/B Road. Complete Get Back Sessions*. Thursday, January 2nd, 1969 – Friday, January 31st, 1969. 83 CDs. Purple Chick 2004. (Bootlegs.)

3. Video

The Beatles: *Let It Be*. Regisseur: Michael Lindsay-Hogg. VHS. Warner Home Video 1984. (DVD-Veröffentlichung ab 2002 angekündigt, 2008 von Paul McCartney und Ringo Starr abgelehnt, deshalb nur als Bootleg erhältlich.)

The Beatles: *Anthology*. Episodes 1-8. Regisseur: Geoff Wonfor. Bonus-DVD: Special Features. Insgesamt 5 DVDs. Apple 2003.

The Beatles: *Get Back / Winter Of Discontent*. 2 DVDs. Picture Perfect Productions 2005. (Bootleg.)

The Beatles: *The Get Back Chronicles 1969*. Vol. 1-3. 3 DVDs. Fab Productions 2008. (Bootlegs.)

The Beatles: Rock Band. Videospiel auf DVD-ROM, Wii Optical Disc und Blu-ray Disc. MTV Games / Electronic Arts 2009.

4. Internet

Avery, Chazz: *TheBeatleSource*.
<www.beatlesource.com>

Bamiyan: *The Beatles Archives / The Beatles on DVD*.
<www.beatlesarchives.com>

The Beatles Bible.
<www.beatlesbible.com>

BootlegZone.
<www.bootlegzone.com>

Kaufmann, Simone: *Troni's Beatles Archive*.
<www.pilzkopf.de>

Marks, Benjamin Levi: *Get Back to Let It Be ... Dissected. The Ultimate Documentary of The Beatles' "Get Back / Let it Be" Project*.
<http://letitbedissected.blogspot.com>

Moldenhauer, Dirk: *Beatlesseite*.
<www.macmoldis.de>

Register

der bei den Sessions gespielten Songs